UPPs, DIREITOS E JUSTIÇA

Um estudo de caso das favelas do Vidigal e do Cantagalo

UPPs, DIREITOS E JUSTIÇA

Um estudo de caso das favelas do Vidigal e do Cantagalo

CENTRO DE JUSTIÇA E SOCIEDADE

Fabiana Luci de Oliveira

Autores convidados
Maria Tereza Aina Sadek
Pedro Vieira Abramovay
Izabel Nuñez

Copyright © 2012 Fabiana Luci de Oliveira, alguns direitos reservados

Esta obra é licenciada por uma Licença Creative Commons
Atribuição — Uso Não Comercial — Compartilhamento pela mesma Licença, 2.5 Brasil.
"Você pode usar, copiar, compartilhar, distribuir e modificar esta obra, sob as seguintes
condições:
1. Você deve dar crédito aos autores originais, da forma especificada pelos autores ou licenciante.
2. Você não pode utilizar esta obra com finalidades comerciais.
3. Se você alterar, transformar, ou criar outra obra com base nesta, você somente poderá
   distribuir a obra resultante sob uma licença idêntica a esta.
4. Qualquer outro uso, cópia, distribuição ou alteração desta obra que não obedeça os termos
   previstos nesta licença constituirá infração aos direitos autorais, passível de punição na esfera
   civil e criminal."
Os termos desta licença também estão disponíveis em: <http://creativecommons.org/licenses/
by-nc-sa/2.5/br/>

Direitos desta edição reservados à EDITORA FGV,
conforme ressalva da licença Creative Commons aqui utilizada:
Rua Jornalista Orlando Dantas, 37
22231-010 | Rio de Janeiro, RJ | Brasil
Tels.: 0800-021-7777 | 21-3799-4427
Fax: 21-3799-4430
editora@fgv.br | pedidoseditora@fgv.br
www.fgv.br/editora

Impresso no Brasil | *Printed in Brazil*

Os conceitos emitidos neste livro são de inteira responsabilidade dos autores.

PREPARAÇÃO DE ORIGINAIS: Ronald Polito
EDITORAÇÃO ELETRÔNICA: Santa Fé ag.
REVISÃO: Sandro Gomes dos Santos | Tathyana Viana
PROJETO GRÁFICO DE CAPA: 2abad
IMAGEM DA CAPA: Vidigal (Rio de Janeiro, RJ). Foto de Luiz Felipe Marques de Paiva

**Ficha catalográfica elaborada pela
Biblioteca Mario Henrique Simonsen**

Oliveira, Fabiana Luci de
    UPPs, direitos e Justiça: um estudo de caso das favelas do Vidigal e do
Cantagalo / Fabiana Luci de Oliveira. — Rio de Janeiro: Editora FGV, 2012.
    200 p.: il. (Série CJUS)

    Inclui bibliografia.
    ISBN: 978-85-225-1267-6

    1. Acesso à Justiça. 2. Cidadania. 3. Comunidade — desenvolvimento.
4. Ajuda federal ao desenvolvimento da comunidade. I. Fundação Getulio
Vargas. II. Título. III. Série.

CDD — 341.46218

Sumário

Agradecimentos   7

APRESENTAÇÃO   9
Justiça, segurança e moradia: caminhos para a
promoção da cidadania nas favelas do Rio de Janeiro
FABIANA LUCI DE OLIVEIRA

CAPÍTULO 1   23
As favelas do Cantagalo e do Vidigal e seus moradores
FABIANA LUCI DE OLIVEIRA

CAPÍTULO 2   41
Morar no Cantagalo e no Vidigal:
favelas, comunidades ou bairros?
FABIANA LUCI DE OLIVEIRA

CAPÍTULO 3   65
Cidadania na favela: conhecimento e percepção
de direitos e das instituições de Justiça
FABIANA LUCI DE OLIVEIRA

CAPÍTULO 4   91
Vivência de conflitos e usos das instituições formais
de Justiça pelos moradores das favelas
MARIA TEREZA AINA SADEK | FABIANA LUCI DE OLIVEIRA

CAPÍTULO 5   123
As UPPs e o longo caminho para a cidadania
nas favelas do Rio de Janeiro
FABIANA LUCI DE OLIVEIRA | PEDRO VIEIRA ABRAMOVAY

CAPÍTULO 6   149
Regularização fundiária urbana: o caminho da conquista
do direito à moradia nas favelas do Cantagalo e do Vidigal
FABIANA LUCI DE OLIVEIRA | IZABEL NUÑEZ

CAPÍTULO 7   183
A favela vista por seus moradores

Autores convidados   197

Agradecimentos

Não poderia deixar de agradecer aqui a todos aqueles que colaboraram na viabilização e na realização da pesquisa que resultou neste livro, em especial aos professores Joaquim Falcão e Maria Tereza Sadek, que com sua *expertise* nos guiaram na formulação dos problemas a serem respondidos e no desenvolvimento da pesquisa como um todo.

Agradeço também à Fundação Ford, que acreditou no projeto. Primeiro nas pessoas de Ana Toni e Denise Dora, depois Nilcéia Freire e Letícia Osório.

A Rodolfo Noronha, que contribuiu de forma decisiva para o sucesso de nossa entrada nas duas favelas estudadas, nos apresentando a alguns líderes comunitários. Pedro Vieira Abramovay, que enriqueceu o trabalho com seu olhar crítico e contribui para a compreensão de muitos dos dados obtidos na pesquisa. Izabel Nuñez, que trabalhou com exímia dedicação nas diversas etapas da pesquisa, assim como Gabriel Cerdeira.

Agradeço também à equipe do Cpdoc, nas pessoas de Marcio Grijó Vilarouca e Jimmy Medeiros, que contribuíram muito na fase inicial da pesquisa e na realização da etapa qualitativa. E também à equipe do Instituto de Pesquisas Sociais, Políticas e Econômicas (Ipespe) que realizou as entrevistas no levantamento quantitativo.

Aos fotógrafos Josy Manhães e Luiz Felipe Marques Paiva, que ilustram a história que buscamos contar a partir do seu olhar sobre as duas favelas, local de trabalho e residência tão conhecido por eles. E a todos os moradores das comunidades e membros das diversas instituições e organizações, que nos receberam e discutiram conosco suas opiniões e percepções acerca das condições atuais do exercício da cidadania nas favelas do Rio de Janeiro, especialmente dos dois casos aqui estudados.

À Secretaria Municipal de Urbanismo do Rio de Janeiro, pela gentil cessão dos mapas que constam nas páginas 181 e 182.

Espero que este livro, que muitas pessoas ajudaram a construir, contribua não apenas do ponto de vista acadêmico e metodológico no estudo da cidadania e do acesso à justiça nas favelas, mas também possa contribuir em sentido prático, fornecendo dados e informações para subsidiar e ajudar a pensar políticas públicas de acesso à Justiça nas favelas.

APRESENTAÇÃO
Justiça, segurança e moradia: caminhos para a promoção da cidadania nas favelas do Rio de Janeiro

FABIANA LUCI DE OLIVEIRA

O ano de 2011 se encerrou no Brasil com a celebração de termos atingido o posto de sexta maior economia do mundo. Não é de agora que se comemora o bom desempenho do país no cenário econômico global, e esse desempenho tem provocado importantes reflexos na estrutura socioeconômica brasileira, como a diminuição da pobreza e o crescimento da classe média.

Indicadores para o Brasil como o índice de Gini[1] e o índice de desenvolvimento humano (IDH)[2] melhoraram substantivamente nas últimas duas décadas. O índice de Gini, que em 1990 era de 0,61, passou para 0,54 em 2009. Já o IDH do país saltou de 0,72 em 1990 para 0,81 em 2009. A movimentação desses dois indicadores aponta para uma tendência de diminuição da desigualdade na sociedade brasileira.

---

[1] Indicador que mensura a iniquidade de renda. De acordo com definição do Pnud, o Índice de Gini "mede o grau de desigualdade existente na distribuição de indivíduos segundo a renda domiciliar *per capita*. Seu valor varia de 0, quando não há desigualdade (a renda de todos os indivíduos tem o mesmo valor), a 1, quando a desigualdade é máxima (apenas um indivíduo detém toda a renda da sociedade e a renda de todos os outros indivíduos é nula)". Disponível em: <www.pnud.org.br/popup/pop.php?id_pop=97>. Acesso em: 25 mar. 2012.
[2] Indicador desenvolvido pelo Pnud que mensura o grau de desenvolvimento econômico e a qualidade de vida da população, levando em conta a longevidade (esperança de vida), a renda (rendimento nacional bruto *per capita*); e a escolaridade (média de anos de estudo). O IDH varia de 0 (nenhum desenvolvimento humano) a 1 (desenvolvimento humano total).

Mas o quanto essa diminuição na desigualdade tem impactado o desenvolvimento e o aperfeiçoamento da cidadania no país? Interessa-nos discutir uma dimensão específica da cidadania: o acesso à Justiça.

É importante frisar que, apesar da melhoria econômica verificada, o país continua bastante desigual quanto à distribuição de renda. De acordo com o Programa das Nações Unidas para o Desenvolvimento (Pnud), o Brasil ainda figura entre os 10 países mais desiguais do mundo no que se refere à distribuição de renda. É fácil perceber isso quando observamos dados do Censo de 2010 sobre o rendimento domiciliar *per capita* do brasileiro, que em 2010 era de R$ 668,00. No entanto, 25% dos brasileiros recebiam até R$ 188,00 e metade da população recebia até R$ 375,00 — valores bem inferiores ao salário mínimo naquele período, que era de R$ 510,00.[3]

Essa constatação nos leva a indagar o quanto o Brasil é também desigual em termos de acesso à Justiça. Existem estudos de âmbito nacional que apontam que a desigualdade socioeconômica tem reflexo na desigualdade de acesso à Justiça,[4] sendo os brasileiros de baixa renda e de baixa escolaridade os mais excluídos do sistema formal de Justiça.

O Instituto Brasileiro de Geografia e Estatística (IBGE), por meio do *Suplemento de vitimização e Justiça* da Pesquisa Nacional por Amostra de Domicílios (Pnad), identificou que 12,6 milhões de brasileiros a partir dos 18 anos de idade estiveram envolvidos em algum tipo de conflito grave nos cinco anos anteriores à data de realização da entrevista (de 2004 a 2009) — e, destes, 7,3 milhões (ou 58%) buscaram a justiça para solucionar o conflito vivido. Os dados mostram que, quanto maior a renda e a escolaridade da população, maior é a procura pelo Judiciário.

Estudo do Instituto de Pesquisa Econômica Aplicada (Ipea) indica essa mesma tendência de que a utilização do Judiciário para a resolução de conflitos

---

[3] Ver primeiros resultados do Censo 2010, disponível em: <www.censo2010.ibge.gov.br/>. Acesso em: 25 mar. 2012.
[4] IBGE. Pesquisa Nacional por Amostra de Domicílios (Pnad). *Suplemento de vitimização e Justiça*. Rio de Janeiro: IBGE, 2009; IPEA. *SIPS — Sistema de Indicadores de Percepção Social*: Justiça. Brasília: Ipea, 2010, 2011. Disponível em: <www.ipea.gov.br/portal/images/stories/PDFs/SIPS/110531_sips_justica.pdf>. Acesso em: 2 maio 2012; SADEK, Maria Tereza. Acesso à Justiça: visão da sociedade. *Justitia*, v. 1, p. 271-280, 2009; CUNHA, Luciana Gross et al. Índice de confiança na Justiça. *Relatório ICJ Brasil*, 4º trim. 2011, 4ª onda, ano 3. São Paulo: Direito GV. Disponível em: <http://bibliotecadigital.fgv.br/dspace/handle/10438/9282>. Acesso em: 2 maio 2012.

está associada a atributos socioeconômicos. Na pesquisa Sistema de Percepção Social sobre Justiça (Sips-Justiça), os entrevistados foram perguntados sobre o problema mais sério que enfrentaram no último ano, e a forma que buscaram para solucioná-lo. No ano de 2010, 63% dos brasileiros que declararam ter vivenciado um problema sério no último ano não procuraram o Judiciário para solucionar a questão. A pesquisa mostra que, além de renda e escolaridade, o tipo de problema influencia na procura pela Justiça, com a probabilidade de acionar o Judiciário sendo maior nos casos criminais e menor nos casos envolvendo disputas de consumo e vizinhança. Análise do Ipea com base nesses resultados do Sips e nos dados do Justiça em Números[5] indica que 63,85% de todas as demandas judiciais podem ser explicadas por níveis de escolaridade e renda: um aumento de um ano na escolaridade média da população de um estado, por exemplo, aumentaria a demanda por serviços judiciais em 1.682 casos novos por ano para cada 100 mil habitantes. A redução de um ponto no percentual de pobres em um estado aumentaria a demanda por serviços judiciais em 59 casos novos por ano para cada 100 mil habitantes.

Assim, a conclusão que podemos tirar a partir desse estudo do Ipea é a de que renda e escolaridade são os fatores preditores mais importantes para a explicação do acesso à Justiça formal — mas eles não são os únicos, uma vez que 36,15% da demanda populacional por Justiça formal não é explicada apenas por renda e escolaridade.

A pesquisa Índice de Confiança na Justiça (ICJ Brasil), conduzida por Luciana Gross Cunha[6] trimestralmente desde o ano de 2009, também demonstra a existência de forte relação entre uso do Poder Judiciário, renda e escolaridade. Os dados do ICJ Brasil indicam que 36% das pessoas de baixa renda já utilizaram os tribunais, enquanto 57% das pessoas com maior renda já o fizeram. Entre as pessoas com baixa escolaridade, 45% já acessaram o Poder Judiciário contra 61% da população com alta escolaridade. O estudo de Cunha e colabora-

---

[5] Ver CUNHA, Alexandre Santos. Painel 2: Indicadores socioeconômicos e a litigiosidade. In: SEMINÁRIO JUSTIÇA EM NÚMEROS, III, 2010, Brasília. Disponível em: <www.cnj.jus.br/images/pesquisas-judiciarias/iii-seminario-justica-em-numeros/apre_alexandre_cunha_jn_2010.pdf>. Acesso em: 25 mar. 2012.
[6] Cunha et al., "Índice de confiança na Justiça", 2011.

dores acrescenta outro elemento explicativo na procura pelo sistema de Justiça: o local de residência (regiões metropolitanas *versus* interior), concluindo que moradores dos grandes centros urbanos (capitais e regiões metropolitanas) utilizam mais o Judiciário (50%) do que os moradores de cidades do interior (43%).[7]

Carlin e Howard[8] ressaltam a centralidade de dois outros elementos, para além das condições socioeconômicas e do local de residência, na explicação da busca e da utilização do sistema formal de Justiça: (1) a consciência e o reconhecimento de que determinado problema caracteriza-se como um problema jurídico, passível de resolução via Justiça formal e (2) a vontade e a disponibilidade para iniciar uma ação judicial para solucionar esse problema.

Ao tratar do tema do acesso à Justiça e da visão da população sobre o Poder Judiciário, Sadek[9] também estende a explicação para além de elementos socioeconômicos, apontando que o sistema de Justiça brasileiro estimula um paradoxo, consistente em ter, de um lado, uma utilização expressiva e excessiva do sistema de Justiça (com uma média nacional em 2006 de um processo para cada 10,2 habitantes) e, de outro, um reduzido rol de agentes fazendo uso do sistema. Como afirma Sadek, há demandas demais (estimuladas) e demandas de menos (reprimidas ou contidas), e a "elevada demanda pelos serviços do Poder Judiciário não equivale a amplo acesso à Justiça". Além de a média nacional mascarar a correlação entre uso do Judiciário e desenvolvimento socioeconômico (São Paulo tinha, em 2006, média de um processo a cada 6,62 habitantes, enquanto Alagoas tinha um processo para cada 62,32 habitantes), ela esconde, também, o reduzido número de agentes que fazem uso do siste-

---

[7] É essencial ressaltar que há uma diferença metodológica significativa na abordagem dessas três pesquisas (Pnad, Ipea e ICJ Brasil): a forma de identificação do uso do Judiciário. A Pnad pergunta sobre vivência de conflito grave nos últimos cinco anos (anteriores à data de realização da entrevista), a pesquisa do Ipea pergunta sobre o problema mais sério que já enfrentou, a partir de uma lista descritiva de 13 situações, e o ICJ Brasil pergunta se o entrevistado ou alguém residente no domicílio da entrevista já utilizou o Judiciário ou entrou com algum processo ou ação na Justiça. Embora haja tal diferença, as três pesquisas demonstram a mesma tendência, qual seja, a de que, conforme aumentam a escolaridade e a renda, aumenta a demanda pelos serviços do Judiciário.
[8] CARLIN, Jerome; HOWARD, Jan. Legal representation and class justice. *UCLA Law Review*, n. 12, p. 381-437, Jan. 1965; CARLIN, Jerome; HOWARD, Jan; MESSINGER, S. *Law and Society Review*, v. 1, n. 1, p. 9-90, 1966.
[9] Sadek, "Acesso à Justiça", 2009.

ma — o grande usuário é o poder público (órgãos e autarquias da União, dos estados ou dos municípios),[10] além de setores minoritários e privilegiados da população.

Sadek explica esse paradoxo a partir de uma combinação de fatores, acrescentando aos socioeconômicos (extrema desigualdade social) o desconhecimento sobre direitos e sobre os mecanismos e instituições adequados para pleitear por sua efetivação — entre a população mais pobre e/ou excluída, esse conhecimento é inexistente ou consideravelmente deficiente.[11] Sadek cita, ainda, o desconhecimento sobre a localização e a existência de varas judiciais e dos locais de atendimento da Defensoria Pública como fatores adicionais que estimulam esse paradoxo.

Disso tudo concluímos que conhecimento (informação) e oportunidade são aspectos essenciais na compreensão e na promoção do acesso à Justiça — e, embora conhecimento e oportunidade estejam associados à condição socioeconómica, não se resumem a ela.

Uma vez que o acesso à Justiça é um dos elementos centrais no exercício da cidadania, fornecendo, inclusive, meios para que outros direitos possam ser reivindicados e se tornar efetivos, é fundamental conhecer os fatores que explicam a exclusão de parte da população dessa esfera, para com isso pensar políticas públicas mais inclusivas.

Dada a existência de diagnósticos nacionais sobre os excluídos do sistema de Justiça formal, decidimos voltar nosso olhar para o Rio de Janeiro e aprofundar essa discussão a partir de um estudo de caso. Assim se deu a escolha da favela como lócus de investigação, em virtude de sua identificação secular como território de exclusão e pobreza urbana.[12]

---

[10] Dados da pesquisa Supremo em Números, coordenada pelos professores Joaquim Falcão, Pablo Cerdeira e Diego Werneck, da FGV Direito Rio, corroboram essa informação, indicando que na corte máxima o poder público é origem de 90% dos processos. Disponível em: <http://direitorio. fgv.br/supremoemnumeros-merval>.

[11] Sadek, "Acesso à Justiça", 2009, p. 274.

[12] ZALUAR, Alba; ALVITO, Marcos. *Um século de favela*. Rio de Janeiro: FGV, 1998; VALLADARES, Licia do Prado. *A invenção da favela*: do mito de origem à favela.com. Rio de Janeiro: FGV, 2005.

A escolha do Cantagalo e do Vidigal

Partimos do pressuposto de que os moradores de favela estariam no grupo dos mais excluídos do sistema formal de Justiça, por sua condição de renda e escolaridade mais baixas, mas buscamos entender quais outros fatores, além de renda e educação, ajudariam a explicar a exclusão dessa população do acesso à Justiça.

No caso das favelas, existem outros elementos de exclusão, a começar pela forma irregular e mesmo ilegal de ocupação do espaço urbano, que acabam por configurar a própria negação do acesso de seus moradores à cidade, nos termos da metáfora da cidade partida, ou das oposições já consagradas *morro × asfalto*; *cidade formal × informal*; *Estado (paralelo) dentro do Estado* etc. A forma da ocupação do solo se torna ela própria um elemento de exclusão. Como indicado por Boaventura Sousa Santos, ao tratar da favela carioca ficticiamente chamada de Pasárgada, a ilegalidade coletiva do tipo de habitação nas favelas, à luz do direito oficial brasileiro, condiciona de modo estrutural o relacionamento de seus moradores com o aparelho jurídico-político do Estado. Ao estarem excluídos do sistema legal oficial, os moradores das favelas acabam construindo um direito próprio, interno e informal, constituindo-se, assim, uma situação de pluralismo jurídico, com formas de direito oficiais e não oficiais coexistindo nesses espaços.[13] Importante notar que a realidade mapeada por Santos na década de 1980 ainda perdura nos dias atuais.

Somando-se à forma de ocupação do espaço, a escassa presença do Estado nas favelas possibilitou o controle do território por grupos armados, reforçando o discurso criminalizante que vem estigmatizando a população residente em favelas há muito tempo.[14] Isso alimenta uma série de representações já arraigadas no imaginário coletivo nacional, sobretudo carioca, como a "metáfora da guerra". Ou seja, a condição de insegurança nas favelas se co-

---

[13] SANTOS, Boaventura de Sousa. Notas sobre a história jurídico-social de Pasárgada. In: SOUTO, Claudio; FALCÃO, Joaquim (Org.). *Sociologia e direito*. São Paulo: Livraria Pioneira, 1980. p. 108.

[14] Ver Zaluar e Alvito, *Um século de favela*, 1998; Valladares, *A invenção da favela*, 2005; BURGOS, Marcelo Baumann. Dos Parques Proletários ao Favela-Bairro. In: Zaluar e Alvito, *Um século de favela*, 1998, p. 25-60.

loca como uma barreira adicional para o exercício dos direitos de cidadania a seus moradores.

Nesse contexto, o objetivo central da pesquisa se desenhou a partir da busca por diagnosticar a condição atual do exercício de cidadania nas favelas do Rio de Janeiro, no que se refere à dimensão de acesso à Justiça.

Não podemos ignorar a existência de um importante projeto do poder público que busca, entre outros objetivos, ampliar as condições de exercício da cidadania nas favelas do Rio de Janeiro, que é a Polícia Pacificadora (Unidades de Polícia Pacificadora — UPPs). Partindo do pressuposto de que, ao promover a recuperação do território, visando garantir segurança aos moradores e à cidade como um todo, a UPP se constitui como etapa antecedente e essencial para possibilitar o acesso aos demais direitos relacionados à cidadania, nosso problema de pesquisa passou a abarcar também a questão sobre *se* e *como* a experiência da UPP impacta a percepção, os hábitos e as atitudes dos moradores com relação à existência e à efetivação de direitos, sobretudo no que toca ao acesso à Justiça.

Como não temos uma medida imediatamente anterior à inauguração das UPPs nas favelas, a forma mais próxima para viabilizar essa comparação foi observar, como controle, um caso semelhante em que não houvesse ainda implantação da UPP — tentando controlar da melhor forma possível também a interferência de outras variáveis, especialmente a localização. Assim, optamos por estudar as favelas do Cantagalo e do Vidigal, ambas localizadas na Zona Sul da cidade. A escolha do Cantagalo se deu pela presença da UPP, em contraste com o Vidigal, que não tinha UPP no momento de realização da pesquisa. A opção pela Zona Sul se deu na medida em que essa área concentra o maior número de equipamentos de Justiça formal na cidade. Assim, trabalhando em uma mesma área conseguimos controlar o efeito da localização.

É claro que essas são duas favelas com longo histórico de políticas de regularização fundiária e urbanística, e com intensa atuação de movimentos sociais. Não conseguimos, portanto, isolar completamente o efeito provocado apenas pela UPP, já que se trata de um processo que vem sendo construído ao longo do tempo, com experiências de intervenções mais e menos bem-

-sucedidas, que culminaram com a UPP. Mas conseguimos trabalhar com as percepções dos moradores (e de outros atores envolvidos no cotidiano destas favelas) no que se refere a direitos, utilização dos canais de resolução de conflitos, acesso à Justiça, sua experiência e seu imaginário com relação à polícia e às UPPs.

Acesso à Justiça

Como dito, o principal aspecto do exercício de cidadania que nos interessa analisar aqui é o acesso à Justiça. Argumentamos que acesso à Justiça é condição fundamental para o desenvolvimento pleno da cidadania. Quando se fala em acesso à Justiça, uma referência clássica é o trabalho de Cappelletti e Garth.[15] Os autores tratam acesso à Justiça como igualdade de condições a todos os cidadãos na utilização das instituições e dos canais do sistema pelos quais possam reivindicar direitos e solucionar conflitos. Eles descrevem três ondas de acesso à Justiça. A primeira é a que proporciona assistência judiciária à população de baixa renda, contribuindo para romper uma barreira econômica no acesso. A segunda onda refere-se aos direitos difusos e à expansão da solução de conflitos de massa, via tutela coletiva de direitos. A terceira onda é a da reestruturação e democratização da Justiça, com a simplificação de procedimentos e do próprio processo, e incorporação dos meios alternativos e informais de resolução de conflitos.

No estudo de caso das favelas partimos dessa definição, concebendo acesso à Justiça de forma a englobar as três ondas descritas por Cappelletti e Garth, indo além do acesso às instituições formais de Justiça, não nos restringindo à solução adjudicada dos conflitos. Entendemos acesso à Justiça como informação e conhecimento de direitos e acesso a qualquer forma idônea de resolução de controvérsias e conflitos.

---

[15] CAPPELLETTI, Mauro; GARTH, Bryant. *Acesso à Justiça*. Porto Alegre: Fabris, 1988.

Metodologia empregada na pesquisa

Adotamos no estudo uma perspectiva metodológica empírica, valendo-nos de técnicas qualitativas e quantitativas na reunião de informações e coleta de dados. Em termos qualitativos, conduzimos 16 entrevistas semiestruturadas com (i) membros das associações de moradores, (ii) ONGs, como AfroReggae, Nós do Morro, Instituto Atlântico, Horizonte etc., (iii) agentes públicos (policiais da UPP), (iv) defensores públicos e juízes, e (v) poder público (Instituto Pereira Passos — IPP, Instituto de Terras e Cartografia do Estado do Rio de Janeiro — Iterj, Secretaria de Estado de Habitação de Interesse Social — Sehab).[16]

Foram cinco os eixos centrais de abordagem nas entrevistas: (1) descrição da comunidade em termos de infraestrutura e equipamentos públicos de serviços e mobiliário urbano, assim como atuação de ONGs e movimentos sociais; (2) principais problemas e conflitos que a comunidade e os moradores enfrentam e os mecanismos de solução para tais conflitos; (3) percepções sobre conhecimento e respeito aos direitos de cidadania e Justiça formal — Defensoria, Judiciário, Ministério Público etc.; (4) propriedade da terra, moradia e regularização fundiária e (5) percepções sobre segurança, polícia e UPP, especialmente em relação aos impactos para a comunidade e para a vida dos moradores, e sua importância e atuação na promoção da cidadania.

Com os moradores das duas favelas conduzimos grupos de discussão focal, sendo um no Cantagalo e outro no Vidigal, abordando os mesmos cinco eixos acima mencionados. Os grupos foram realizados nas próprias comunidades, em espaços de convivência. Tivemos ainda conversas informais com os moradores em visitas a essas localidades.[17]

As entrevistas qualitativas, os grupos focais com os moradores e as visitas às favelas ocorreram entre os meses de janeiro e outubro de 2011.

A etapa quantitativa da pesquisa consistiu na realização de um levantamento (*survey*) a partir de questionário estruturado, entrevistando um total de 802

---

[16] Asseguramos o anonimato de todos os entrevistados, razão pela qual serão identificados apenas pelo lugar social e/ou institucional que ocupam, sem referência a dados pessoais. As entrevistas foram conduzidas por Elizete Ignácio dos Santos, por Izabel Nunez e por mim.
[17] Os grupos de discussão foram conduzidos por Maria Tereza Aina Sadek e por mim.

moradores distribuídos entre as duas favelas. Essas entrevistas aconteceram entre os dias 16 e 24 do mês de maio de 2011.[18]

É importante frisar algumas dificuldades ocorridas na realização do levantamento quantitativo na favela do Vidigal. No início do trabalho de campo, a equipe de entrevistadores foi abordada por pessoas da comunidade que indagaram acerca do conteúdo da pesquisa. A equipe não foi impedida de trabalhar ali, apenas alertada sobre locais da favela a serem evitados. Após quatro dias frequentando as diversas áreas do Vidigal, os entrevistadores foram novamente abordados pelas mesmas pessoas, que questionaram sua "presença constante" na comunidade, afirmando que essa presença começava a incomodar, e recomendaram a saída dos entrevistadores dali. Essas foram as duas únicas abordagens diretas à equipe, mas durante todo o período de realização das entrevistas não foi incomum a presença de pessoas armadas observando o trabalho de campo, buscando mostrar que estavam atentas à movimentação dos entrevistadores.

O questionário base das entrevistas foi organizado em torno de dez eixos: (1) caracterização socioeconômica e demográfica dos entrevistados (gênero, idade, escolaridade, estado civil, posição no domicílio etc.); (2) caracterização do domicílio (situação jurídica, infraestrutura de saneamento etc.); (3) percepção das condições de moradia e da qualidade de vida no local; (4) conhecimento e percepção de direitos; (5) conhecimento dos meios e instituições para efetivação de direitos e resolução de conflitos; (6) vivência de situações de conflitos e formas de resolução adotadas; (7) familiaridade, percepção, utilização e satisfação com relação às instituições formais de Justiça; (8) percepção sobre políticas de regularização fundiária e sobre o direito à moradia; (9) percepção sobre segurança e (10) percepção e avaliação acerca da UPP.

---

[18] O trabalho de campo foi conduzido pelo Instituto de Pesquisas Sociais e Políticas (Ipesp). O desenho amostral foi realizado considerando uma margem de erro máxima de 3,5 pontos percentuais no total (intervalo de confiança de 95%), sendo os entrevistados selecionados a partir do local de sua residência, procurando cobrir as diversas áreas das comunidades, e respeitando a distribuição de gênero e faixa etária de acordo com os dados do Censo 2000.

Estrutura do livro

O livro está organizado em seis capítulos. O primeiro, "As favelas do Cantagalo e do Vidigal e seus moradores", trata das características da população sobre a qual estamos falando e do local em que vive, e reforça a constatação de que a categoria favela é plural e não um agregado homogêneo de pessoas e coisas. A diferenciação das favelas se dá externamente, entre as diversas favelas do Rio de Janeiro, e internamente, com os moradores diferenciando-se principalmente em termos de escolaridade e renda. No que concerne aos dois casos estudados, o Vidigal apresenta um nível médio de escolaridade e renda mais elevado, e um perfil de empregabilidade mais formal, quando comparado ao Cantagalo.

O segundo capítulo, "Morar no Cantagalo e no Vidigal: favelas, comunidades ou bairros?", aborda o cotidiano nessas localidades a partir da discussão sobre a configuração da ocupação desses espaços e sua classificação como favelas, comunidades ou bairros, e destaca a visão de seus habitantes sobre as condições de vida nas duas favelas. Na fala dos entrevistados a ênfase está na precariedade de infraestrutura e urbanização. De maneira geral, as narrativas dos moradores transparecem uma busca por reconhecimento, e um desejo de serem vistos e tratados como cidadãos cariocas sem distinção com relação aos moradores do asfalto.

O terceiro capítulo, "Cidadania na favela: conhecimento e percepção de direitos e das instituições de Justiça", trata do conhecimento de direitos e das formas e instituições para reivindicá-los e torná-los efetivos. A conclusão é a de que há muito desconhecimento e pouco acesso à informação. Chama atenção o fato de que nessas áreas os direitos civis são tão mencionados quanto os direitos sociais. Nas duas favelas a liberdade de ir e vir é o direito mais conhecido e citado, direito suprimido por muito tempo, em razão do domínio do tráfico e que, talvez por isso, os moradores tenham aprendido a valorizar.

O quarto capítulo, "Vivência de conflitos e usos das instituições formais de Justiça", trata dos conflitos enfrentados pelos moradores e das formas de resolução adotadas por eles, com atenção especial para o acesso às instituições formais de Justiça. No Cantagalo, os conflitos mais mencionados foram referentes ao relacionamento com a polícia, e, no Vidigal, os mais recorrentes tratam do relacionamento com a vizinhança. Problemas ligados aos direitos trabalhistas e de consumidor foram também relevantes em ambas as localidades.

A maioria dos que vivenciaram conflitos não procurou por uma solução. Entre os que procuraram resolver o problema, a forma mais citada foi a busca pelo responsável direto pelo dano e depois pelas instituições formais de Justiça (polícia, Judiciário e Defensoria Pública). Há relatos residuais da procura por traficantes para solucionar problemas de vizinhança entre os moradores do Vidigal, e referências ao passado dessa prática no Cantagalo.

O capítulo evidencia, ainda, a existência de uma diferença significativa no acesso ao Judiciário entre a população brasileira em geral e os moradores dessas duas localidades: 28% no Cantagalo e 20% no Vidigal já utilizaram o Judiciário, e o percentual para a população brasileira de baixa renda é de 36%,[19] como vimos. O uso nas duas localidades é bastante recente, com mais da metade dos moradores que acessaram o Judiciário nessas favelas fazendo-o a partir de 2009. A principal questão que leva os moradores à Justiça formal é sutilmente diferente nas duas localidades: no Cantagalo são casos de família e, depois, de consumidor e trabalho. No Vidigal, trabalho, seguido de consumo e família.

O quinto capítulo, "As UPPs e o longo caminho para a cidadania nas favelas do Rio de Janeiro", aborda a configuração da política de pacificação no contexto das políticas públicas de segurança no Rio de Janeiro, trazendo também a visão e o relacionamento dos moradores das duas favelas estudadas com a polícia, e sua percepção da política de pacificação. É possível afirmar que do ponto de vista do morador das favelas estudadas, a UPP é algo positivo, tanto no aspecto de segurança quanto no da promoção de direitos. Os moradores do Cantagalo e do Vidigal aprovam a política de pacificação, e revelam em seu discurso um receio de que o programa acabe, como outros que o antecederam. Esses moradores desejam a UPP como uma política permanente. É evidente que a convivência com a polícia não se dá sem conflitos — trata-se de um processo recente, que requer a adaptação da comunidade a uma nova realidade e a internalização pelos moradores e também pelos policiais de novas regras. Essa

---

[19] De acordo com dados do ICJ Brasil de 2011. Ver Cunha, "Índice de confiança na Justiça", 2011.

interação entre polícia e população tem tido altos e baixos no Cantagalo, mas a partir dela o morador percebe uma porta de entrada para o relacionamento com as demais instituições do Estado. A UPP melhorou a autoestima do morador e tem ajudado a quebrar o estigma da favela como local da criminalidade, sendo uma via para a mudança do imaginário dualizado da cidade partida, da segregação *favela × asfalto*. Mais importante, a UPP abre a porta para que nas favelas haja melhores condições de exercício da cidadania.

O sexto e último capítulo, "Regularização fundiária urbana: o caminho da conquista do direito à moradia nas favelas do Cantagalo e do Vidigal", discute a política de regularização fundiária e a situação atual desse processo nas duas favelas. A maioria dos moradores desconhece essa política no Vidigal, e grande parte conhece no Cantagalo, em boa medida devido a uma ação de usucapião e ao início da entrega da titulação aos moradores de áreas públicas da comunidade. A maioria vê os aspectos positivos da regularização e o morador quer ter a propriedade, ainda que isso implique custos, como pagamento de impostos. Principalmente no Vidigal os moradores veem o direito à propriedade como uma garantia contra a remoção. No Cantagalo, o receio da "expulsão branca" é mais marcante, teme-se mais os custos da regularização — o aumento do custo de vida e a especulação imobiliária. Mas a política é bem vista e bem-vinda. Reclamada, inclusive. O direito à propriedade é visto pelo morador como uma garantia de cidadania.

O livro traz ao final a favela vista pelo olhar de seus moradores, a partir de uma série de fotografias produzidas por Josy Manhães, do Cantagalo, e Luiz Felipe Marques Paiva, do Vidigal. As imagens retratam qualidades e problemas nas duas favelas.

Referências

BURGOS, Marcelo Baumann. Dos Parques Proletários ao Favela-Bairro. In: ZALUAR, Alba; ALVITO, Marcos. *Um século de favela*. Rio de Janeiro: FGV, 1998. p. 25-60.

CAPPELLETTI, Mauro; GARTH, Bryant. *Acesso à Justiça*. Porto Alegre: Fabris, 1988.

CARLIN, Jerome; HOWARD, Jan. Legal representation and class justice. *UCLA Law Review*, n. 12, p. 381-437, jan. 1965.

CUNHA, Alexandre Santos. Painel 2: Indicadores socioeconômicos e a litigiosidade. In: SEMINÁRIO JUSTIÇA EM NÚMEROS, III, 2010, Brasília. Disponível em: <www.cnj.jus.br/images/pesquisas-judiciarias/iii-seminario-justica-em-numeros/apre_alexandre_cunha_jn_2010.pdf>. Acesso em: 25 mar. 2012.

CUNHA, Luciana Gross et al. Índice de confiança na Justiça. *Relatório ICJ Brasil*, 4º trim. 2011, 4ª onda, ano 3. São Paulo: Direito GV. Disponível em: <http://bibliotecadigital.fgv.br/dspace/handle/10438/9282>. Acesso em: 2 maio 2012.

IBGE. Pesquisa Nacional por Amostra de Domicílios (Pnad). *Suplemento de vitimização e Justiça*. 2009. Site do IBGE, Rio de Janeiro.

IPEA. *SIPS — Sistema de indicadores de Percepção Social*: Justiça. Brasília: Ipea, 2010, 2011. Disponível em: <www.ipea.gov.br/portal/images/stories/PDFs/SIPS/110531_sips_justica.pdf>. Acesso em: 2 maio 2012.

SADEK, Maria Tereza. Acesso à Justiça: visão da sociedade. *Justitia*, v. 1, p. 271-280, 2009.

SANTOS, Boaventura de Sousa. Notas sobre a história jurídico-social de Pasárgada. In: SOUTO, Claudio; FALCÃO, Joaquim (Org.). *Sociologia e direito*. São Paulo: Livraria Pioneira, 1980. p. 107-117.

VALLADARES, Licia do Prado. *A invenção da favela*: do mito de origem à favela.com. Rio de Janeiro: FGV, 2005.

ZALUAR, Alba; ALVITO, Marcos. *Um século de favela*. Rio de Janeiro: FGV. 1998.

CAPÍTULO 1
As favelas do Cantagalo e do Vidigal e seus moradores

FABIANA LUCI DE OLIVEIRA

Dados do último Censo do IBGE mostram que, no ano de 2010, 6% da população brasileira vivia em aglomerados subnormais.[1] Na região metropolitana do Rio de Janeiro, o percentual de pessoas vivendo nesses aglomerados era de 14,4%. Na cidade do Rio de Janeiro, o percentual era ainda mais elevado: 22%, ou seja, quase 1,4 milhão de habitantes distribuídos pelas 763 favelas existentes na cidade (ver quadro 1). Desse universo, nos interessam duas favelas localizadas na Zona Sul do Rio de Janeiro: o Cantagalo, situado entre os bairros de Copacabana e Ipanema; e o Vidigal, que fica entre os bairros do Leblon e de São Conrado.

---

[1] "Aglomerados subnormais" é a designação do IBGE para as favelas. De acordo com o Censo 2010, aglomerado subnormal "é um conjunto constituído de, no mínimo, 51 unidades habitacionais (barracos, casas etc.) carentes, em sua maioria, de serviços públicos essenciais, ocupando ou tendo ocupado, até período recente, terreno de propriedade alheia (pública ou particular) e estando dispostas, em geral, de forma desordenada e densa. A identificação dos aglomerados subnormais deve ser feita com base nos seguintes critérios: a) ocupação ilegal da terra, ou seja, construção em terrenos de propriedade alheia (pública ou particular) no momento atual ou em período recente (obtenção do título de propriedade do terreno há 10 anos ou menos); e b) possuírem pelo menos uma das seguintes características: urbanização fora dos padrões vigentes — refletido por vias de circulação estreitas e de alinhamento irregular, lotes de tamanhos e formas desiguais e construções não regularizadas por órgãos públicos; ou precariedade de serviços públicos essenciais. Os aglomerados subnormais podem se enquadrar, observados os critérios de padrões de urbanização e/ou de precariedade de serviços públicos essenciais, nas seguintes categorias: invasão, loteamento irregular ou clandestino, e áreas invadidas e loteamentos irregulares e clandestinos regularizados em período recente". Ver dados em: <www.ibge.gov.br/home/estatistica/populacao/censo2010/aglomerados_subnormais/agsn2010.pdf>.

Quadro 1 | Domicílios e população residente em favelas na cidade do Rio de Janeiro em 2010

Domicílios particulares ocupados			População residente em domicílios particulares ocupados		
Total	Em aglomerados subnormais	% em aglomerados subnormais	Total	Em aglomerados subnormais	% em aglomerados subnormais
2.146.322	426.965	20%	6.288.588	1.393.314	22%

Fonte: IBGE. Censo 2010.

Os primeiros moradores começaram a se instalar no Cantagalo já na década de 1930. De acordo com dados do IBGE, a favela possuía, em 2010, 1.428 domicílios e 4.771 moradores, havendo uma média de 3,3 moradores por domicílio.

O acesso ao Cantagalo é realizado de três maneiras. A primeira se dá via elevador antigo, localizado na rua Alberto de Campos, no prédio do governo estadual em que funciona o Centro Integrado de Educação Pública (Ciep) Presidente João Goulart. O prédio é também conhecido na comunidade como "Brizolão". Esse elevador funciona apenas no período escolar e em horários predeterminados, percorrendo os 25 andares do Ciep — além da escola, estão ali os principais projetos sociais e ONGs que atuam na localidade, como o Criança Esperança e o AfroReggae.

A segunda forma de acesso é o elevador na saída do metrô em Ipanema (na estação General Osório). Esse elevador é recente, construído como parte das obras do Programa de Aceleração do Crescimento (PAC) do governo federal, e tornou-se o principal meio de acesso à comunidade, além de um símbolo da política de pacificação, e forte atrativo de turistas, pela presença do "Mirante da Paz" no topo das torres do elevador.

A terceira via de acesso é a rua Saint Roman, seguindo pela estrada do Cantagalo. Essa via é utilizada por quem chega à comunidade de carro ou moto, sendo também onde circulam as duas Kombis que servem como transporte coletivo aos moradores.

O Cantagalo faz fronteira com a comunidade do Pavão-Pavãozinho. Para os moradores as diferenças entre as áreas são bem definidas, já para um visitante fica difícil fazer tal distinção. A principal diferença entre as comunidades, na explicação dos moradores, estaria na origem de seus habitantes. Enquanto no

Pavão-Pavãozinho eles são em sua maioria migrantes nordestinos, no Cantagalo eles têm origem na própria cidade, são "crias da terra", ou seja, moradores de terceira ou quarta geração cujos avós e bisavós já teriam nascido no Rio de Janeiro. Essa diferença é exemplificada pelo gosto musical e pelas festas realizadas nas localidades: enquanto no Cantagalo predominam os bailes *funk*, pagodes e sambas, no Pavão-Pavãozinho a predileção é por forró e música sertaneja.

> O Cantagalo é habitado por pessoas da própria comunidade, que nasceram aqui: é o que a gente chama, vulgarmente, de "cria". São crias da comunidade, já nasceram aqui... E o pessoal do Pavão-Pavãozinho são retirantes nordestinos que chegaram aqui para trabalhar... Na verdade, a abordagem que nós temos pela população do Pavão-Pavãozinho é mais receptiva. São pessoas mais humildes, pessoas que têm mais tempo dedicado ao trabalho. Já as pessoas do Cantagalo são realmente pessoas que moram aqui, já, como eu falei anteriormente, nasceram aqui [homem, morador, Cantagalo].

> Já começa pelas músicas, não é? Os nordestinos é dia e noite o forró. Só música, lá deles. E o nosso, aqui, é mais pagode e o *funk*. Os cariocas têm mais receio com os conterrâneos por causa disso. E eles não frequentam o lado do *funk* nem do pagode, nem os cariocas frequentam o lance deles, dos forrós deles. O preconceito "mais" é esse, dentro da comunidade [homem, movimento social, Cantagalo].

Em termos de oferta de serviços de saúde e educação, o Cantagalo tem hoje uma escola pública de ensino fundamental (o já citado Ciep Presidente João Goulart) e conta principalmente com o trabalho de ONGs — segundo informações da associação de moradores, existiriam atualmente 27 ONGs atuando no Cantagalo. Elas oferecem desde creche e educação básica até atividades de formação profissional e idiomas. Atuam também na parte de serviços de saúde, atividades esportivas e culturais. Entre as principais ONGs estão o Criança Esperança, o AfroReggae, o *Surf Club*, a Academia de Boxe Nobre Arte e a cooperativa de costureiras Corte e Arte.

Quanto à saúde pública, existem dois postos médicos, sendo um deles fruto da ação individual de uma enfermeira que conta com poucos recursos para mantê-lo aberto. O principal lazer dos moradores é a praia, e há também atividades culturais e esportivas promovidas pelas ONGs no espaço de convivência no próprio Ciep.

O Vidigal, segunda favela estudada, teve o início de sua ocupação na década de 1940. De acordo com dados do Censo, em 2010 havia 3.235 domicílios e 9.678 moradores no Vidigal, com uma média de 3,0 habitantes por domicílio.

Houve uma tentativa de remoção da favela no final da década de 1970, quando alguns moradores foram transferidos para o Conjunto Habitacional de Antares, localizado em Santa Cruz. Mas a associação de moradores liderou um movimento pela permanência e melhoria da infraestrutura local, impedindo, assim, que se concretizasse a completa remoção da favela.

O Vidigal está localizado ao longo das margens da avenida Niemeyer, no início da rua Presidente João Goulart, sendo esta sua principal via de acesso. Não há transporte público para o interior da comunidade, para isso os moradores dependem do serviço local de mototáxis e das Kombis, que são oito no total.

Há no Vidigal duas escolas públicas e uma escola mantida pela Igreja Católica (Stella Maris), que oferece sistema de bolsas para os moradores. Existem também duas creches e um posto de saúde que, segundo os entrevistados, não é suficiente para atender à população, e os moradores precisam se deslocar até a Rocinha ou a Gávea em busca de atendimento de médico.

A ONG mais antiga a atuar no Vidigal é o grupo Nós do Morro, que trabalha com a formação em artes dramáticas, além de acompanhamento escolar e psicológico para alunos e familiares. Outra ONG importante é a Associação Esportiva e Cultural Horizonte, que oferece cursos pré-vestibulares para os jovens da comunidade.[2]

Assim como no Cantagalo, o lazer principal dos moradores do Vidigal é a praia. O acesso a eventos culturais é, em grande parte, propiciado pelas ONGs — especialmente o grupo Nós do Morro, que apresenta peças de teatro e exibe filmes em áreas abertas da comunidade. Há também uma vila olímpica, onde diversos eventos culturais e esportivos são realizados.

---

[2] Segundo informações dos moradores e da associação de moradores, são nove ONGs que atuam oficialmente no Vidigal.

A comunidade é como uma cidade pequena. É um bairro com as pessoas acordando de manhã cedo, saindo para o trabalho, levando seus filhos para creche, para o colégio, indo para o emprego, retornando à noite para sua casa. E tem a dificuldade normal de uma comunidade carente [homem, líder local, Vidigal].

É importante salientar que, no início de 2011, a Prefeitura Municipal do Rio de Janeiro, via Secretaria Municipal de Habitação (SMH) e IPP, formulou uma nova classificação para favelas, passando tanto o Cantagalo quanto o Vidigal a serem categorizados como "bairros". Os critérios para essa nova classificação foram feitos com base na existência de infraestrutura (rede de água, esgoto, drenagem, pavimentação, abertura de vias de acesso, rede de iluminação pública, calçadas, praças etc.).[3]

Perfil dos domicílios: condições de ocupação e acesso a serviços

Tanto Cantagalo quanto Vidigal estão localizados sobre terras públicas e privadas, e há um movimento pela regularização fundiária em curso em ambas as localidades — assunto discutido no capítulo 6 do livro. A grande maioria dos imóveis nas duas comunidades é destinada à moradia (mais de 90%), e a maior parte deles tem apenas um pavimento (55% no Cantagalo e 86% no Vidigal).

Tabela 1 | Tipo de utilização do imóvel

Utilização	Cantagalo	Vidigal
Residencial	91%	94%
Comercial	2%	4%
Misto (residência e comercial)	2%	1%
Terreno	4%	0%
Sem resposta	1%	0%
Institutional	0%	2%

Fontes: Paulo Rabello de Castro (*Galo cantou!*, 2011) e relatório da empresa Ambiental.[4]

---

[3] DAFLON, Rogério. Cidade ganha 44 ex-favelas. *O Globo*, Rio de Janeiro, 29 maio 2011. Rio, p. 19.
[4] Fonte: para Cantagalo, levantamento do Instituto Atlântico, em CASTRO, Paulo Rabello de. *Galo cantou!*: a conquista da propriedade pelos moradores do Cantagalo. Rio de Janeiro: Record, 2011. Para Vidigal, relatório apresentado pela empresa Ambiental ao projeto de regularização fundiária

Tabela 2 | Número de pavimentos dos imóveis

Número de pavimentos	Cantagalo	Vidigal
Um	55%	86%
Dois	21%	12%
Três	11%	2%
Acima de três	6%	0%
Sem resposta	6%	-

Fontes: Paulo Rabello de Castro (*Galo cantou!*, 2011) e relatório da empresa Ambiental.

Quanto à condição de ocupação, 85% dos imóveis no Cantagalo e 66% no Vidigal foram declarados como próprios, isto é, não alugados. Entre os "proprietários", 89% no Cantagalo e 79% no Vidigal disseram possuir alguma documentação que comprove a posse do imóvel. É importante frisar, aqui, que na maioria das vezes os moradores possuem documento de compra e venda fornecido pela associação de moradores, e, no caso do Cantagalo, houve um projeto importante, designado por "Carimbo Solidário", que consistiu na emissão de certidões, pelo 6º Cartório de Registro de Títulos e Documentos, que atestavam a ocupação do imóvel por seus moradores.

O morador vem à associação, o vendedor com a testemunha, o comprador com a testemunha e eles dão o endereço da casa. A associação com a sua comissão de obras vai ao local, faz um reconhecimento do local, vê qual é a possibilidade de risco ou dúvida. Entra em contato com o Pouso, que é um órgão da prefeitura, se a gente tiver alguma dúvida. O Pouso com o seu engenheiro vai até o local e constata a possibilidade de venda do imóvel. Aí fazemos um documento da associação e a pessoa passa a ter o seu documento comprovando, vai em cartório, registra, comprovando a negociação. Pode registrar em cartório. Ele prova que aquele espaço é dele e a associação prova que aquele espaço é dele. É um documento legal por a associação ser um órgão legal, então passa a ser um documento [homem, líder comunitário, Vidigal].

---

do assentamento informal do Vidigal, encomendado via licitação promovida pelo Pnud, com recursos provenientes do Ministério das Cidades e Ministério da Justiça entre 1º de dezembro de 2008 e 31 de janeiro de 2009.

Teve um projeto do 6º Cartório de Registro de Imóveis chamado Carimbo Solidário, que a doutora Sônia, que é responsável por lá, trouxe para o Cantagalo, acho que foi em 2004 ou 2006. Depois, nós tivemos um levantamento aqui de moradores, uma organização, o Instituto Atlântico, adiantou muito, fez um levantamento dos imóveis e depois, nós com um grupo de advogados, entrou na Justiça e falou com o juiz, foi que deu toda essa confusão, toda essa briga por propriedade [homem, morador, Cantagalo].

Sobre o projeto Carimbo Solidário, Castro[5] comenta que os "registros haviam sido distribuídos por generosa iniciativa de um cartório, ao entender que estaria dando a cada morador do Cantagalo uma segurança adicional quanto à posse da sua casa uma vez que esse direito de permanência estivesse anotado no cartório", mas que os moradores "não custaram a entender a diferença quando lembramos que o título que Ignez ou Paulo ou qualquer um do asfalto detinha sobre suas próprias residências não era do mesmo teor, e sim um título definitivo de propriedade".[6]

No Vidigal a prática do aluguel é mais comum, com 30% dos imóveis ocupados nessa condição, contra apenas 16% no Cantagalo. O valor médio do aluguel no Vidigal é de R$ 360,00, e no Cantagalo é de R$ 330,00. Por fim, 3% dos imóveis no Vidigal são cedidos, sendo 2% no Cantagalo, e 1% deles, tanto no Cantagalo quanto no Vidigal, é ocupado por meio de invasão.

Em termos de abastecimento de água e esgoto, as duas favelas estão em melhores condições que o indicador geral para o estado do Rio de Janeiro, uma vez que mais de 97% dos domicílios têm acesso à rede geral de água e esgoto (isso se deve tanto às obras do Favela-Bairro na década de 1990, quanto às obras do PAC mais recentemente).

Já com relação à coleta e destino do lixo a situação é precária nas duas localidades, no Cantagalo a coleta direta chegando a apenas 2% dos moradores e no Vidigal, a 13,8%.

---

[5] Castro, *Galo cantou!*, 2011.
[6] Ibid., p. 35-36.

Tabela 3 | Características dos domicílios, de acordo com a localidade

	Abastecimento de água		Esgotamento sanitário				Destino do lixo			Energia elétrica		
	Rede geral	Outra	Rede geral	Fossa séptica	Outra	Não tinham banheiro	Coletado diretamente	Coletado via caçamba	Outra	De companhia (medicor exclusivo domicílio)	Outra	Não existe energia elétrica
Cantagalo	98,8%	1,2%	98,7%	0,2%	0,1%	1,1%	2,0%	97,9%	0,1%	53,9%	46,1%	0,1%
Vidigal	98,6%	1,4%	97,6%	0,4%	2,0%	0,0%	13,8%	86,2%	-	82,0%	18,0%	0,1%
Rio de Janeiro	96,4%	3,6%	85,0%	2,6%	12,2%	0,2%	59,1%	38,3%	2,6%	67,2%	32,8%	0,1%

Fonte: IBGE, Censo 2010.

O serviço de distribuição de energia elétrica é feito via medidor individual em 53,9% dos domicílios do Cantagalo e em 82% dos domicílios do Vidigal, e no levantamento quantitativo que realizamos nas favelas, cerca de 11% dos moradores do Cantagalo e 14% dos moradores do Vidigal declararam que não pagam pelo consumo, obtendo energia de maneira irregular, via "gato".

De acordo com informações da concessionária Light, desde 2010, a partir do programa Comunidade Eficiente, a empresa distribuiu aos moradores do Cantagalo cerca de 8 mil lâmpadas fluorescentes, substituiu 551 geladeiras antigas por modelos novos, que consomem menos energia, e reformou 168 instalações elétricas de residências. A Light também vem atuando na conscientização dos moradores sobre o uso racional da energia, a partir da promoção de eventos na comunidade. Parece que esse tipo de ação repercutiu na forma como os moradores avaliam o serviço prestado pela empresa: a nota média dada pelos moradores do Cantagalo ao serviço de energia recebido é 8,0 e no Vidigal é 7,0.

Gráfico 1 | Nota dada à qualidade do serviço de fornecimento de luz (%)

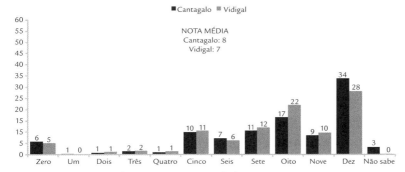

Base: 397 entrevistas no Cantagalo e 405 entrevistas no Vidigal.

Perfil demográfico e socioeconômico dos moradores

Na etapa quantitativa da pesquisa, entrevistamos preferencialmente os responsáveis pelo domicílio: o chefe do domicílio ou seu cônjuge (o que ocorreu em 78% das vezes), e na impossibilidade de localizá-los entrevistamos os filhos ou outros familiares.

Gráfico 2 | Posição do entrevistado com relação ao chefe da família (%)

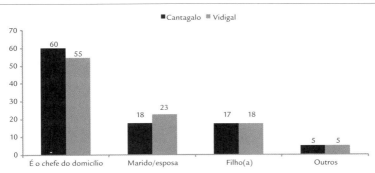

Base: 397 entrevistas no Cantagalo e 405 entrevistas no Vidigal.

A maioria dos moradores reside nessas favelas há bastante tempo, sendo a média do tempo de residência maior no Cantagalo (27,9 anos) do que no Vidigal (20,2 anos). Com base no tempo médio de residência, estabelecemos o perfil que consideraríamos como moradores locais ou migrantes, definindo o corte em 20 anos. Ou seja, consideramos moradores locais os que residem nessas favelas há mais de 20 anos — isso porque nos interessa entender se há diferença nas percepções sobre a favela entre os moradores mais antigos e os mais novos.

Gráfico 3 | Tempo de residência na localidade (%)

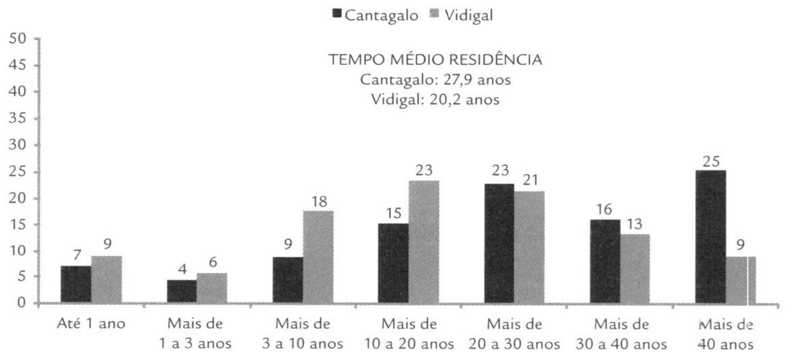

Base: 397 entrevistas no Cantagalo e 405 entrevistas no Vidigal.

A maioria dos moradores nas duas favelas é natural do estado do Rio de Janeiro, sendo 77% dos moradores no Cantagalo e 53% no Vidigal. Aqueles que não são do Rio vieram principalmente do Ceará (6%), Minas Gerais (4%) e Paraíba (4%), no caso do Cantagalo. No Vidigal, os principais estados de origem depois do Rio de Janeiro são a Paraíba (17% dos moradores), o Ceará (6%) e Minas Gerais (6%).

A distribuição por gênero nas entrevistas seguiu de maneira geral a distribuição verificada no Censo 2010: 49% de homens e 51% de mulheres no Cantagalo, e, no Vidigal, 48% de homens e 52% de mulheres.

As duas favelas diferem consideravelmente em termos de distribuição de cor ou raça dos moradores. Aplicamos a mesma pergunta utilizada pelo IBGE para a autoclassificação de cor ou raça, solicitando aos entrevistados qual das categorias melhor os descreveria. No Cantagalo quase metade da população declarou-se preta (49%), 34% parda, 12% branca e 4% amarela ou indígena (1%

não respondeu). No Vidigal, 22% dos entrevistados declararam-se pretos, 43% pardos, 29% brancos e 4% amarelos ou indígenas (2% se recusaram a responder).

No estado do Rio de Janeiro, de acordo com os dados do IBGE,[7] a maioria da população é branca (55,8%), sendo 11,1% preta, 32,6% parda e 0,4% amarela ou indígena. Ou seja, essas duas favelas têm uma concentração maior de população preta e parda (83% dos moradores do Cantagalo e 65% do Vidigal) — e no Cantagalo a concentração é ainda maior.

Gráfico 4 | Declaração de cor ou raça (%)

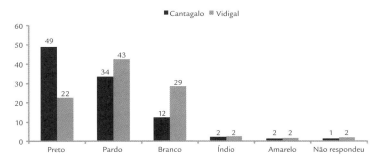

Base: 397 entrevistas no Cantagalo e 405 entrevistas no Vidigal.

Cantagalo e Vidigal também são diferentes no que se refere às condições socioeconômicas, mas o Vidigal está em situação melhor e mais próxima à média estadual. O rendimento mediano familiar no Vidigal é de R$ 1.500,00, enquanto no Cantagalo é de R$ 1.100,00. O rendimento familiar *per capita* médio é de R$ 675,00 no Vidigal (mediano de R$ 500,00) e de R$ 493,00 no Cantagalo (mediano de R$ 333,00).

---

[7] IBGE. *Síntese de indicadores sociais*: uma análise das condições de vida da população brasileira. Rio de Janeiro: IBGE, 2010. Disponível em: <www.ibge.gov.br/home/estatistica/populacao/condicaodevida/indicadoresminimos/sinteseindicsociais2010/SIS_2010.pdf>. Acesso em: 2 maio 2012.

Gráfico 5 | Renda mensal do domicílio (%)

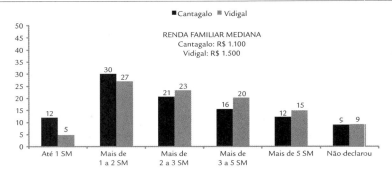

Base: 397 entrevistas no Cantagalo e 405 entrevistas no Vidigal.

Nota: somando todas as fontes de rendimento de todos os moradores do domicílio, considerando salário, pensão, auxílio desemprego, "bicos", Bolsa Família etc.

Os dados do Censo 2010 indicam que o rendimento mensal total domiciliar *per capita* para o estado do Rio de Janeiro é de R$ 861,00, e para o município do Rio é de R$ 1.204,00 — ou seja, embora o Vidigal esteja em situação melhor se comparado ao Cantagalo, ambas as favelas têm um longo caminho a percorrer para atingirem o mesmo padrão econômico da média dos moradores do Rio de Janeiro.[8]

Outro dado que diferencia economicamente os moradores das duas favelas é o percentual de beneficiados pelos programas de transferência de renda, como o Bolsa Família. No Cantagalo, 23% declararam ter recebido benefícios do programa contra 13% dos moradores no Vidigal.[9]

---

[8] NÉRI, Marcelo Cortes (Org.). *Desigualdade e favelas cariocas*: a cidade partida está se integrando? Rio de Janeiro: FGV; CPS, 2010. Disponível em <www.fgv.br/cps/favela/>. Acesso em: 25 mar. 2012. Néri mensura as desigualdades nas condições de trabalho e renda entre as favelas e o restante do município, e concluiu que a renda média *per capita* do morador da favela é 49% menor do que a dos moradores do asfalto. O autor afirma ainda que "metade dos diferenciais de renda *per capita* nas cinco maiores comunidades de baixa renda cariocas *vis-à-vis* os bairros de renda mais altas são explicadas pela variável favela, mesmo quando controlamos por outras variáveis observáveis como educação do chefe do domicílio, sexo, idade e raça". Constata, assim, que há um viés de renda contra os favelados.

[9] Dados da Pnad 2006 indicam que 14,9% dos domicílios do país receberam recursos do Bolsa Família, e no estado do Rio de Janeiro esse percentual era de 6%. Ver também "14,9% das famílias recebem Bolsa Família, aponta IBGE". *O Globo*. Disponível em: <http://g1.globo.com/Noticias/Economia_Negocios/0,,MUL373132-9356,00-DAS+FAMILIAS+RECEBEM+BOLSA+FAMILIA+APONTA+IBGE.html>. Acesso em: 25 mar. 2012.

Solicitamos aos entrevistados que classificassem suas habilidades em termos de leitura e escrita. No Vidigal, 99% declararam saber ler e escrever, 59% disseram ler muito bem e 58%, escrever muito bem. No Cantagalo, 95% declararam saber ler, 35% afirmaram ler muito bem e 94% declararam saber escrever, enquanto 33% classificaram essa habilidade como muito boa.

Gráfico 6 | Habilidade de leitura e escrita (%)

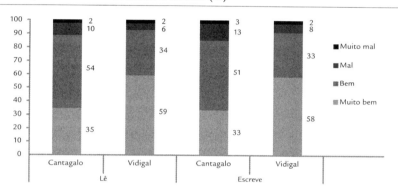

Base: Cantagalo: 377 (sabe ler) e 375 (sabe escrever); Vidigal: 401 (sabe ler e escrever).

O Vidigal também está em melhor situação quando se trata de escolaridade. A média de anos de estudo dos moradores é de 8,6 anos, enquanto no Cantagalo é de 7,5 anos. A média para o município do Rio de Janeiro é de 8,4 anos.

Há no Cantagalo 73% dos entrevistados no grupo de baixa escolaridade, ou seja, aqueles com 18 anos de idade ou mais, que não completaram o ensino médio; no Vidigal essa proporção é de 60%. No grupo de escolaridade média (ensino médio completo) estão 24% dos moradores do Cantagalo e 35% dos do Vidigal; no de escolaridade alta (ensino superior completo), 5% dos moradores do Vidigal e 2% dos do Cantagalo.

Gráfico 7 | Nível de escolaridade (%)

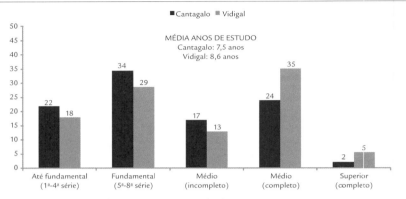

Base: 397 entrevistas no Cantagalo e 405 entrevistas no Vidigal.

Em termos de situação de trabalho, os moradores do Vidigal têm proporcionalmente mais vínculos empregatícios formais quando comparados aos do Cantagalo, mas, quando comparados à média nacional, o cenário é bastante precário. No Cantagalo, apenas 34% dos moradores têm emprego com carteira assinada, percentual que sobe para 42% no Vidigal. Se consideramos apenas os moradores ocupados, o percentual de trabalhadores formais (aqueles com carteira assinada ou funcionários públicos) é de 47% no Cantagalo e 55% no Vidigal. No país, de acordo com dados do IBGE,[10] a proporção de trabalhadores formais é de 71,8%.

Gráfico 8 | Situação de trabalho (%)

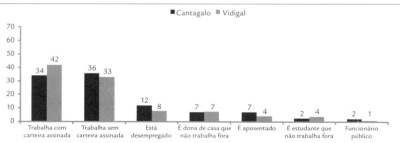

Base: 397 entrevistas no Cantagalo e 405 entrevistas no Vidigal.

---

[10] IBGE. Pesquisa Nacional por Amostra de domicílios (Pnad). *Síntese de indicadores*. Rio de Janeiro: IBGE, 2009. Disponível em: <www.ibge.gov.br/home/estatistica/populacao/trabalhoerendimento/pnad2009/pnad_sintese_2009.pdf>. Acesso em: 2 maio 2012.

Investigamos também o quanto os moradores dessas localidades estão conectados ao mundo virtual, ou seja, se têm acesso à internet em casa, e, caso não possuam em casa, se acessam a internet de outro local (trabalho, *lan house* etc.). Os dados revelam que os moradores estão bastante conectados já que 49% dos moradores do Cantagalo acessam a internet de casa, percentual que sobe para 57% no Vidigal. São muito comuns o uso de internet 3G e o uso de internet no telefone celular.

Considerando aqueles que não acessam a internet de casa, mas têm acesso a partir de outro local, a proporção de pessoas conectadas é de 68% no Cantagalo e de 71% no Vidigal. Comparando esses números à proporção de acesso no Brasil, que é de 45%,[11] podemos concluir que os moradores dessas duas favelas não estão excluídos digitalmente em relação à população brasileira em geral.

Gráfico 9 | Acesso à internet (%)

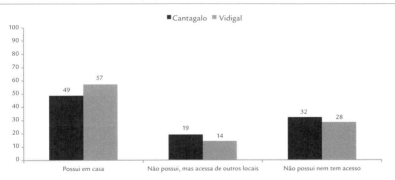

Base: 397 entrevistas no Cantagalo e 405 entrevistas no Vidigal.

Por fim, perguntamos aos moradores sobre sua religiosidade. Em resposta, 19% dos moradores do Cantagalo e 17% dos moradores do Vidigal disseram não seguir nenhuma religião. A maior parte dos moradores que tem religião declarou ser católica (45% no Cantagalo e 46% no Vidigal) ou evangélica (30% no Cantagalo e 29% no Vidigal).

---

[11] PESQUISA TIC domicílios, 2010. Para mais informações, ver pesquisa completa em: <www.cetic.br/usuarios/tic/2010/analises.htm>.

Gráfico 10 | Religião (%)

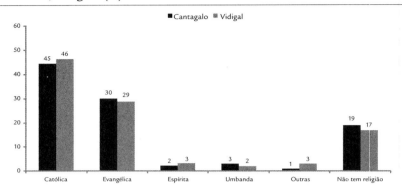

Base: 397 entrevistas no Cantagalo e 405 entrevistas no Vidigal.

O que esse breve descritivo do perfil das favelas do Cantagalo e do Vidigal e de seus moradores reforça é a impossibilidade de generalizar a categoria favela. Quando falamos de favela, não estamos nos referindo a um aglomerado homogêneo de características, nem a uma massa amorfa de pessoas pobres e excluídas que compõe a população desses espaços. Cada uma das favelas tem características próprias e peculiaridades que precisam ser levadas em consideração quando se discutem políticas públicas para construir e ampliar a cidadania nessas localidades.

Referências

14,9% das famílias recebem Bolsa Família, aponta IBGE. *O Globo*. Disponível em: <http://g1.globo.com/Noticias/Economia_Negocios/0,,MUL373132-9356,00-DAS+FAMILIAS+RECEBEM+BOLSA+FAMILIA+APONTA+IBGE.html>. Acesso em: 25 mar. 2012.

CASTRO, Paulo Rabello de. *Galo cantou!*: a conquista da propriedade pelos moradores do Cantagalo. Rio de Janeiro: Record, 2011.

DAFLON, Rogério. Cidade ganha 44 ex-favelas. *O Globo*, Rio de Janeiro, 29 maio 2011. Rio, p. 19.

IBGE. Pesquisa Nacional por Amostra de domicílios (Pnad). *Síntese de indicadores*. Rio de Janeiro: IBGE, 2009. Disponível em: <www.ibge.gov.br/home/estatistica/populacao/trabalhoerendimento/pnad2009/pnad_sintese_2009.pdf>. Acesso em: 2 maio 2012.

_____. *Síntese de indicadores sociais*: uma análise das condições de vida da população brasileira. Rio de Janeiro: IBGE, 2010. Disponível em: <www.ibge.gov.br/home/estatistica/populacao/condicaodevida/indicadoresminimos/sinteseindicsociais2010/SIS_2010.pdf>. Acesso em: 2 maio 2012.

NÉRI, Marcelo Cortes (Org.). *Desigualdade e favelas cariocas*: a cidade partida está se integrando? Rio de Janeiro: FGV; CPS, 2010. Disponível em: <www.fgv.br/cps/favela/>. Acesso em: 25 mar. 2012.

PESQUISA TIC domicílios, 2010. Disponível em: <www.cetic.br/usuarios/tic/2010/analises.htm>.

CAPÍTULO 2
Morar no Cantagalo e no Vidigal: favelas, comunidades ou bairros?

FABIANA LUCI DE OLIVEIRA

O surgimento das favelas no Rio de Janeiro remonta ao final do século XIX, com a ocupação do morro da Providência e do morro de Santo Antônio (1897 e 1898, respectivamente), principalmente por ex-combatentes da guerra de canudos, ex-escravos e por moradores dos cortiços que estavam sendo demolidos no centro da cidade. Ao tratar da origem das favelas, Valladares[1] atenta para a influência que Euclides da Cunha exerceu sobre os primeiros observadores do fenômeno no Rio, contribuindo para construir o imaginário social desse espaço, como lugar de habitação rudimentar, marcado pela ausência do Estado e da propriedade da terra, lugar de perigo, da marginália, das "classes perigosas". Assim como Euclides fazia a oposição *sertão × litoral*, os observadores da favela passaram a utilizar a dualidade *cidade × favela*, que permanece até hoje nas concepções de *cidade partida*, ou na oposição *morro × asfalto*.

A ideia de comunidade, tão presente no arraial analisado por Euclides da Cunha, acaba se transpondo para a favela, servindo como modelo aos primeiros observadores que tentaram caracterizar a organização social dos novos territórios da pobreza

---

[1] VALLADARES, Licia do Prado. *A invenção da favela*: do mito de origem à favela.com. Rio de Janeiro: FGV, 2005.

na cidade. À semelhança de Canudos, a favela é vista como uma comunidade de miseráveis com extraordinária capacidade de sobrevivência diante de condições de vida extremamente precárias e inusitadas, marcados por uma identidade comum. Com um *modus vivendi* determinado pelas condições peculiares do lugar, ela é percebida como espaço de liberdade e como tal valorizada por seus habitantes. Morar na favela corresponde a uma escolha, do mesmo modo que ir para Canudos depende da vontade individual de cada um. Como comunidade organizada, tal espaço constitui-se um perigo, uma ameaça à ordem moral e à ordem social onde está inserida. Por suas regras próprias, por sua persistência em continuar favela, pela coesão entre seus moradores e por simbolizar, assim como Canudos, um espaço de resistência.[2]

Alba Zaluar e Marcos Alvito resumem bem o senso comum sobre favelas: o lugar da carência, da desordem, de moradias irregulares, sem arruamento, sem plano urbano, sem esgoto, sem água e sem luz.[3] Segundo os autores, as favelas foram vistas no Rio de Janeiro desde o início do século XX como um duplo problema: sanitário e urbano. Uma mancha na paisagem urbana da cidade, as favelas foram retratadas nas já citadas oposições *asfalto × favela* e *formalidade × informalidade*, e nas alegorias de *negação da cidade* e *avesso do urbano*. Assim, é negado ao morador da favela o direito à cidade.

Cunha e Mello indicam com maestria a constituição de dois mundos diferenciados, marcando a distância entre cidade formal e cidade real:

> Enquanto na cidade temos casas, na favela temos barracos; enquanto na cidade temos ruas, na favela temos becos; na cidade temos fornecimento legal de energia elétrica, e na favela, gatos de luz; na cidade temos TV a cabo; na favela, a "gatonet". É uma série infindável de oposições que enfatizam a falta: de forma, de ordem, de regras morais.[4]

---

[2] Valladares, *A invenção da favela*, 2005, p. 11-12.
[3] ZALUAR, Alba; ALVITO, Marcos. *Um século de favela*. Rio de Janeiro: FGV, 1998, p. 7.
[4] CUNHA, Neiva Vieira da; MELLO, Marco Antonio da Silva. Novos conflitos na cidade: a UPP e o processo de urbanização na favela. *Dilemas*, Rio de Janeiro, v. 4, n. 3, p. 371-401, 2011. Disponível em: <www.ifcs.ufrj.br/~lemetro/mello_e_cunha_novos_conflitos_na_cidade.pdf>. Acesso em: 21 mar. 2012. p. 395.

A favela vista dessa forma não é uma singularidade carioca, nem mesmo brasileira. A definição clássica de favela implica um local caracterizado pelo excesso populacional, moradias pobres ou informais, acesso inadequado à água potável e condições sanitárias e insegurança da posse de moradia. De acordo com Mike Davis,[5] essa definição é praticamente universal.

Data de 4 de novembro de 1900 uma carta citada por Zaluar e Alvito, remetida pelo delegado da 10ª Circunscrição ao então chefe de polícia, Enéas Galvão. Na correspondência, o delegado refere-se à infestação do morro da Providência por "vagabundos e criminosos" e recomenda que "para a completa extinção dos malfeitores [...] se torna necessário um grande cerco, que para produzir resultado, precisa pelo menos de um auxílio de 80 praças completamente armadas". Continua afirmando que a solução mais eficaz seria a "demolição de todos os pardieiros que em tal sítio se encontram, pois são edificados sem a respectiva licença municipal e não têm as devidas condições higiênicas".[6] Como consequência desse retrato, a favela é vista também como um problema de polícia e uma ameaça à ordem urbana.

Da descoberta da favela como um problema, no início do século XX, até a década de 1970, o debate sobre políticas públicas para estas áreas girou em torno da polarização *remoção × urbanização*. Burgos[7] traça a cronologia das principais políticas públicas de intervenção nas favelas do Rio de Janeiro. Indica como o primeiro marco dessas políticas o Código de Obras da cidade, datado de 1937, que proibia a construção de novas moradias nessas áreas e também a melhoria das moradias existentes. De acordo com Valladares,[8] o Código de Obras inaugura juridicamente a necessidade de controle e erradicação das favelas.

Desta política, de controle e erradicação, surgiriam os Parques Proletários, construídos no início da década de 1940 no Leblon, na Gávea e no Caju. Os parques, voltados para abrigar provisoriamente a população removida de fave-

---

[5] DAVIS, Mike. *Planeta favela*. São Paulo: Boitempo, 2006.
[6] Zaluar e Alvito, *Um século de favela*, 1998, p. 9.
[7] BURGOS, Marcelo Baumann. Dos Parques Proletários ao Favela-Bairro. In: Zaluar e Alvito, *Um século de favela*, 1998.
[8] Valladares, *A invenção da favela*, 2005, p. 52.

las, tinham cunho sanitarista, propondo "a reeducação social dos moradores, visando corrigir hábitos pessoais e incentivar a escolha de melhor moradia".[9]

No final da década de 1940, Alberto Passos Guimarães, ao conduzir o recenseamento de 1950 no IBGE, advertiu sobre a necessidade metodológica de conceituar "favela". A definição trabalhada, naquele momento, foi de favela como área de ocupação com proporção mínima de 51 unidades habitacionais de aspecto rústico, utilizando-se em sua construção materiais de baixa qualidade; sendo tais construções realizadas sem licenciamento e fiscalização, em terrenos de propriedade alheia; carecendo em todo ou parte de rede sanitária, luz, telefone, água encanada e tendo urbanização precária, sem arruamento, numeração ou emplacamento.[10]

O final da década de 1940 é também o momento em que a Igreja Católica se envolve mais de perto com a questão das favelas, criando a Fundação Leão XIII. A fundação foi criada em 1947, numa iniciativa da ala mais conservadora da igreja, que buscava lutar contra influências comunistas e se propunha a prestar assistência material e moral aos moradores das favelas com atenção, sobretudo, às áreas de educação e saúde. Na década de 1950, a igreja lança a Cruzada São Sebastião com uma atuação mais focada em moradias e obras de urbanização.[11] Notamos que a influência da Igreja Católica permanece forte em algumas comunidades ainda hoje no Rio de Janeiro, como é o caso do Vidigal, em que a igreja promove projetos, especialmente nas áreas de educação e saúde.

Nas décadas de 1950 e 1960 as favelas continuaram crescendo e a política seguia na linha sanitarista, com o governo municipal criando em 1956 o Serviço Especial de Recuperação de Favelas e Habitações Anti-higiênicas (Serfha). Mas, de acordo com Valladares, nessa época também começa a se consolidar uma nova visão que traz diferentes representações sobre a favela, passando esta a ser valorizada como comunidade,[12] num sentido um pouco mais positivo do que quando do seu surgimento, numa busca por valorizar os aspectos humanos da favela e destacar que ali existe uma cidade informal dentro da cidade formal,

---

[9] Burgos, "Dos Parques Proletários ao Favela-Bairro", 1998, p. 28.
[10] Valladares, *A invenção da favela*, 2005, p. 68-69.
[11] Ibid., p. 76-77.
[12] Ibid., p. 74.

com um modo de vida distintivo, com regras e códigos próprios compartilhados por seus moradores,[13] ou seja, como "espaço de liberdade" encontrado por uma população de baixa renda e marginalizada para construir sua vida. Como bem observam Cunha e Mello, esses códigos e essas práticas, ainda que informais ou ilegais, vêm sendo legitimados e tolerados de longa data pelo Estado.

> Embora as práticas que prosperaram nos espaços de favela possam ser consideradas informais ou ilegais do ponto de vista das normas jurídicas válidas para a cidade formal, elas foram, durante muito tempo, a forma de romper a distância e o isolamento social aos quais a favela e seus moradores foram destinados. Foram também o modo que eles encontraram de acesso aos serviços básicos. Além disso, apesar de classificadas como ilegais, foram legitimadas e toleradas durante muito tempo pelo próprio Estado, que se omitia de seu papel de instância de redistribuição e regulação do espaço urbano.[14]

Na década de 1960, com a eleição de Carlos Lacerda para o governo do estado, foram implementadas políticas de remoção com foco na construção de bairros populares. Foram construídos com o apoio e financiamento do governo americano os conjuntos habitacionais Cidade de Deus, Vila Kennedy, Vila Aliança e Vila Esperança, via programa de cooperação designado "Aliança pelo Progresso". É também nesse período que os moradores se organizam e criam suas associações de moradores e a Federação das Associações de Favelas da Guanabara (Fafeg).

Um marco importante na década de 1960 foi a publicação de um estudo sobre as favelas organizado pela Sociedade para Análise Gráfica e Mecanográfica Aplicadas aos Complexos Sociais (Sagmacs), instituída pelo padre Joseph Lebret, tendo o relatório a coordenação também do sociólogo José Arthur Rios. Intitulado "Aspectos humanos da favela carioca",[15] segundo

---

[13] Valladares, A invenção da favela, 2005, p. 151.
[14] Cunha e Mello, "Novos conflitos na cidade", 2011, p. 395.
[15] Valladares reuniu, no livro Pensando as favelas no Rio de Janeiro, um levantamento de 668 publicações, entre livros, artigos acadêmicos, teses e papers apresentados em congressos, com o intuito de mapear a evolução da discussão sobre as favelas cariocas ao longo do século XX, cobrindo o período de 1906 a 2000. De acordo com a autora, até a década de 1940, as poucas obras publicadas sobre o tema tinham um caráter sanitarista, assistencialista e moralista. Valladares afirma que com a publicação do Censo de 1950 inaugura-se um novo período, com trabalhos mais focados na produção de dados empíricos sobre as favelas, mencionando inclusive a publicação no

Valladares,[16] esse relatório exerceu grande influência em estudos subsequentes sobre as favelas e mobilizou diversos pesquisadores em torno da já citada valorização dessas localidades como comunidades.

É importante citar que na década de 1960, com o recrudescimento do regime autoritário, também o movimento de organização das favelas foi afetado, com as associações de moradores sendo vinculadas e ficando sob o controle do Estado. Burgos destaca dois decretos do governo do Rio de Janeiro que estabelecem tal controle: o Decreto nº 870, de 1967, e o Decreto nº 3.330, de 1968 — ambos, na visão do autor,

> subvertendo o papel das associações, que de representantes dos moradores, passam a fazer as vezes do poder público na favela, cabendo-lhes, entre outras atribuições, controlar, autorizando-as ou não ("consultados os órgãos do Estado"), as reformas, consertos nas habitações, bem como reprimir novas construções.[17]

No final dos anos 1960 o governo estadual autorizou a criação da Companhia de Desenvolvimento das Comunidades (Codesco), que trabalhava em uma perspectiva mais inclusiva, com foco na urbanização das favelas e enfatizando a importância da posse da terra e a necessidade da melhoria dos serviços públicos nessas localidades. Contudo, de forma contraditória, ainda no fim da década de 1960, o governo cria a Coordenação de Habitação de Interesse Social da Área Metropolitana do Grande Rio (Chisam), com uma política oposta à Codesco, visando a remoção e não mais a urbanização das favelas.

> Ao contrário da Codesco, que apostava na capacidade organizativa e participativa dos moradores das favelas, a Chisam definia as favelas como um "espaço urbano deformado", habitado por uma "população alienada da sociedade por causa da habi-

---

ano de 1969 de um volume da *Revista América Latina* dedicado a estudos das ciências sociais sobre o assunto, trazendo autores como Machado da Silva, Anthony Leeds e Parisse. O levantamento dá destaque a um terceiro período que se inicia na década de 1990, com foco, sobretudo, na violência. VALLADARES, Licia do Prado. *Pensando as favelas no Rio de Janeiro*. Rio de Janeiro: Relume Dumará, 2003.

[16] Ibid., p. 45-46.
[17] Burgos, "Dos Parques Proletários ao Favela-Bairro", 1998, p. 35.

tação; que não tem os benefícios de serviços porque não paga impostos". Razão pela qual entendia que a "família favelada necessitaria de uma reabilitação social, moral, econômica e sanitária; sendo necessária a integração dos moradores à comunidade, não somente no modo de habitar, mas também no modo de pensar e de viver".[18]

De acordo com Ribeiro e Lago,[19] até 1968, cerca de 175.800 pessoas haviam sido removidas de favelas e, a partir de 1970, as políticas de remoção se intensificaram ainda mais. Mas essas políticas não se sustentam com a abertura política no final da década de 1970.

Na década de 1980 o debate, segundo Burgos, deixa de ser polarizado e concentra-se na necessidade de integrar as favelas à cidade. Na década de 1980 havia 364 favelas no Rio de Janeiro, apenas 1% delas estava totalmente ligada à rede oficial de esgoto, 6% dispunham de rede parcial, 6% possuíam rede de água e em apenas 17% delas a coleta de lixo era considerada adequada.[20]

Nesse período Brizola foi eleito governador e desenvolveu, entre 1983 e 1985, o Programa de Favelas do Cedae (Proface), com a proposta de levar saneamento básico às favelas, assim como coleta de lixo e iluminação pública. Criou também, por intermédio da Secretaria de Estado do Trabalho e da Habitação, o programa Cada Família um Lote, focado na regularização da propriedade no estado do Rio de Janeiro, sendo a principal política habitacional do governo Brizola.

O programa tinha como meta distribuir 1 milhão de títulos de propriedade no estado. Ao final do programa, em 1986, 32.817 títulos haviam sido distribuídos, sendo 13.604 títulos para moradias de 15 favelas na cidade do Rio de Janeiro.[21] No governo Brizola também foi implementado o projeto Mutirão, que utiliza mão de obra remunerada da comunidade na construção de creches e na pavimentação das favelas.

---

[18] Burgos, "Dos Parques Proletários ao Favela-Bairro", 1998, p. 36.
[19] RIBEIRO, Luiz Cesar de Queiroz; LAGO, Luciana Corrêa do. A oposição favela-bairro no espaço social do Rio de Janeiro. *São Paulo em Perspectiva*, São Paulo, v. 15, n. 1, p. 144-154, 2001. Disponível em: <www.scielo.br/scielo.php?script=sci_arttext&pid=S0102-88392001000100016&lng=en&nrm=iso>. Acesso em: 21 mar. 2012.
[20] Burgos, "Dos Parques Proletários ao Favela-Bairro", 1998, p. 40.
[21] COMPANS, Rose. A regularização fundiária de favelas no Rio de Janeiro. *Revista do Rio de Janeiro*, n. 9, p. 41-53, 2003.

Como atenta Burgos, nas décadas de 1980 e 1990 ganha relevância o problema da atuação de grupos paraestatais nas favelas (jogo do bicho, tráfico de entorpecentes etc.) e por conta da questão de segurança pública a favela passa a ser tema central na agenda política — a favela continua sendo vista como um problema de polícia, mas agora a urbanização passa a ser vista como a resposta mais adequada ao problema das favelas.

É importante ressaltar que em decorrência do domínio das favelas por estes grupos paraestatais, os moradores dessas localidades passam a sofrer restrição a suas liberdades, "como as liberdades de organização, de expressão, de ir e vir, consagradas na Constituição de 1988, não tem sido asseguradas aos excluídos, também estão comprometidos seus direitos políticos, fato que explica a ausência de uma demanda organizada dos excluídos por direitos".[22]

Na década de 1990 a situação de infraestrutura nas favelas ainda era bastante precária, com menos de 20% delas possuindo sistema de esgoto e em 40% das favelas ainda não havendo água encanada. Quanto à questão da regularização da propriedade, a situação, mesmo após o Cada Família um Lote, era de informalidade, com apenas 3,7% dos domicílios tendo título de propriedade.[23]

No Plano Diretor da cidade, elaborado em 1992, há uma mudança em relação à definição e à percepção da favela, que deixa de ser retratada a partir de juízos de valor e passa a ser juridicamente descrita como parte integrante da realidade da cidade. Com base no plano, a favela passa a ser qualificada como

área predominantemente habitacional, caracterizada pela ocupação da terra por população de baixa renda, precariedade da infraestrutura urbana e de serviços públicos, vias estreitas e de alinhamento irregular, lotes de forma e tamanho irregulares e construções não licenciadas, em desconformidade com os padrões legais.[24]

Em 1993 é criado, no âmbito da administração municipal, o Grupo Executivo de Assentamentos Populares (Geap), seguindo a linha de urbanizar e inte-

---

[22] Burgos, "Dos Parques Proletários ao Favela-Bairro", 1998, p. 44.
[23] Ibid., p. 45.
[24] Ibid., p. 46.

grar as favelas à cidade. O principal projeto desse grupo foi a implementação do programa Favela-Bairro, com o objetivo de levar saneamento e melhorar a infraestrutura das favelas, transformando-as em bairros populares.

O Favela-Bairro teve financiamento do Banco Interamericano de Desenvolvimento (BID) e foi inicialmente implementado em 16 favelas cariocas, e, posteriormente, foi estendido para outras mais. Seu propósito primeiro era a urbanização das favelas, melhorando a infraestrutura, o saneamento, os acessos e as vias de circulação internas. Secundariamente, o programa previa a regularização dos lotes, elaborando projetos de alinhamento e identificação dos lotes e o reconhecimento formal dos logradouros. Em outubro de 2000, o saldo do programa era de 180 favelas atendidas, beneficiando 736.911 moradores.[25]

Dados oficiais do Censo (IBGE) indicam que o número de favelas na cidade do Rio de Janeiro, em 2000, era de 513. Em 2010, foram contabilizadas 763 favelas (no período de 1999 a 2009 houve uma expansão em torno de 7% da área ocupada por favelas na cidade do Rio), embora as favelas localizadas na Zona Sul da cidade tenham permanecido relativamente estáveis nesse período em termos da área ocupada.[26]

Para chegar ao número de 763 favelas, o Censo 2010 (IBGE) considera como tal qualquer

> conjunto constituído de, no mínimo, 51 unidades habitacionais carentes, em sua maioria, de serviços públicos essenciais, ocupando ou tendo ocupado, até período recente, terreno de propriedade alheia (pública ou particular) e estando dispostas, em geral, de forma desordenada e densa. A identificação atende aos seguintes critérios: a) ocupação ilegal da terra, ou seja, construção em terrenos de propriedade alheia (pública ou particular) no momento atual ou em período recente (obtenção do título de propriedade do terreno há dez anos ou menos); e b) possuírem urbanização fora dos padrões vigentes (refletido por vias de circulação estreitas e de alinhamento irregular, lotes de tamanhos e formas desiguais e construções não

---

[25] CARDOSO, Adauto Lucio. O programa Favela-Bairro: uma avaliação. In: SEMINÁRIO DE AVALIAÇÃO DE PROJETOS IPT EM HABITAÇÃO E MEIO AMBIENTE: ASSENTAMENTOS URBANOS PRECÁRIOS, 2001. *Anais...* São Paulo: IPT, 2002.

[26] Instituto Pereira Passos (IPP). Disponível em: <www.rio.rj.gov.br/web/ipp>.

regularizadas por órgãos públicos) ou precariedade na oferta de serviços públicos essenciais (abastecimento de água, esgotamento sanitário, coleta de lixo e fornecimento de energia elétrica).[27]

Assim, percebemos que a classificação continua sendo feita de acordo com aspectos legais e estruturais da ocupação.

Os programas de regularização e urbanização não avançaram tanto quanto desejado, em virtude de interrupções e descontinuidades. Mais recentemente, o programa Morar Carioca, iniciado pela prefeitura em 2011, se propõe a urbanizar todas as favelas da cidade até o ano de 2020. O projeto segue na mesma linha de integração das favelas ao tecido social da cidade, definindo também regras para as construções, de forma a ordenar a ocupação e o uso do solo, impondo, assim, não apenas a urbanização dessas localidades, mas também limites à expansão das favelas.

Mesmo não tendo avançado muito em termos de urbanização, a prefeitura considerava em maio de 2011 que 44 favelas cariocas passaram à condição de bairro, por já contarem com serviços básicos (água, luz, saneamento, arruamento) idênticos aos fornecidos aos moradores do asfalto.[28] Entre as ex-favelas, estão incluídas as duas que são objeto desse estudo: Cantagalo e Vidigal.

Conhecendo a realidade dessas duas localidades, especialmente quanto aos problemas no acesso e na qualidade dos serviços públicos essenciais que elas recebem, é crítica a concepção de que elas tenham transitado da classificação de favela para bairro. Considerando os elementos presentes na definição do conceito de favela, tanto em suas características legais (propriedade da terra), quanto estruturais (construções, densidade domiciliar, acessos, arruamento, serviços públicos etc.), observamos que eles permanecem válidos para classificar ambas as localidades como favelas.

Notamos, seja na mídia ou no discurso público dos órgãos governamentais, uma tendência a substituir o termo "favela" por outros menos estigmatizantes,

---

[27] Ver site do IBGE: <www.ibge.gov.br/home/presidencia/noticias/noticia_visualiza.php?id_noticia =2051>.

[28] Ver notícia "Cidade ganha 44 ex-favelas", publicada no jornal *O Globo*, 29 maio 2011.

como "comunidade" ou "bairro popular". Segundo Letícia Freire, "o uso eufemístico do termo não confronta, todavia, o estigma, mas apenas indica uma relação de cortesia, necessária, no curso das trocas sociais que se passam com aqueles que não podem se desfazer de suas marcas".[29] Mas Freire distingue o uso que a opinião pública e os órgãos governamentais fazem do termo "comunidade" do uso que os próprios moradores fazem, estes últimos empregando o termo para definir o grau de pertinência à localidade, isto é, como uma forma de diferenciar quem pertence e quem não pertence ao local.

A vida nas favelas do Cantagalo e do Vidigal: perspectiva dos moradores

Como o morador se vê em meio a estas disputas de significados? Como ele vivencia e percebe o cotidiano no Cantagalo e no Vidigal? Colocamos aos moradores a seguinte questão: se pudessem mudar uma única coisa para melhorar as condições de vida na localidade, o que modificariam em primeiro lugar? E qual seria a segunda mudança que fariam?

A partir das respostas a esse questionamento conseguimos apreender os principais problemas que os moradores vivenciam no dia a dia em cada uma dessas áreas.

Os aspectos ligados à infraestrutura e à urbanização predominam em ambas as favelas como os principais aspectos negativos, embora tenham uma expressividade muito maior no Cantagalo (citados por 75% dos entrevistados) do que no Vidigal (citados por 43% dos entrevistados). Ou seja, os moradores percebem que não têm acesso ao mesmo tipo de serviço que é prestado aos moradores do asfalto.

Assim, tanto a infraestrutura quanto a urbanização aparecem como problemas gritantes em ambas as localidades, o que torna ainda mais duvidosa a

---

[29] FREIRE, Letícia de Luna. Favela, bairro ou comunidade? Quando uma política urbana torna-se uma política de significados. *Dilemas*, Rio de Janeiro, v. 1, n. 2, p. 111, 2008. Disponível em: <http://revistadil.dominiotemporario.com/doc/Dilemas2Art4.pdf>. Acesso em: 21 mar. 2012.

possibilidade de classificá-las como bairros e não mais como favelas. O fato de essas favelas estarem espacialmente localizadas de forma adjacente a bairros de classe média alta intensifica o contraste urbanístico, indicando que o caminho ainda é longo para superar a defasagem em termos de serviços e equipamentos públicos e mobiliário urbano.

Gráfico 1 | Aspectos que moradores mudariam na favela para melhorar a qualidade de vida, em primeiro e segundo lugar (%)

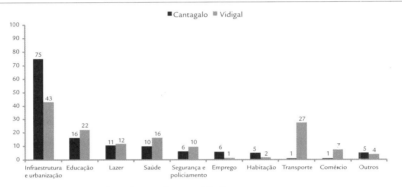

Base: 397 entrevistas no Cantagalo e 405 entrevistas no Vidigal.

Quando os moradores falam de problemas de infraestrutura e urbanização, estão se referindo a questões como coleta de lixo, saneamento básico, abastecimento de água, iluminação pública, fornecimento de energia elétrica, pavimentação e arruamento. No Cantagalo os moradores falam principalmente da precariedade da coleta do lixo, e no Vidigal o saneamento básico é a reclamação mais recorrente.

O transporte público aparece no Vidigal como segundo maior problema, quando os moradores reivindicam mais linhas de ônibus para atender a diferentes trajetos na cidade.[30] Para os moradores do Cantagalo, transporte público não é apresentado como problema, uma vez que eles têm acesso privilegiado ao metrô, via elevador que foi construído com os recursos do PAC no ano de 2010.

---

[30] No período de realização da pesquisa constatou-se que apenas duas linhas de ônibus operavam na entrada da favela: a 521 e a 522, fazendo o trajeto Botafogo-Vidigal.

As preocupações em relação à educação (cursos profissionalizantes e mais escolas), lazer e saúde aparecem na sequência. É curioso notar que, apesar de não contarem então com uma UPP, entre os moradores do Vidigal a questão de segurança e policiamento aparece apenas como a sexta preocupação.

No Cantagalo, tanto nas falas dos moradores, quanto na dos agentes públicos que atuam na UPP, dos representantes de ONGs e dos líderes locais, fica explícita a percepção de que a infraestrutura da localidade ainda está muito precária, apesar das melhorias implementadas especialmente após a pacificação. Ainda que percebam tais melhorias, os moradores apontam a ausência dos serviços públicos para além da segurança. Inclusive a própria sede da UPP passa a ser local de reivindicação e apresentação de demandas em busca da prestação de outros serviços. Vista como o único braço do Estado presente na área, os moradores recorrem aos policiais da UPP para solicitar melhorias urbanas e de serviços.

Uma vez eu estava conversando com um morador e ele estava reclamando que estava bom, mas que faltava muita coisa, que não tinha hospital, não tinha educação, não é? A retirada de lixo era precária. E eu disse que, na verdade, a gente trabalhava na Secretaria de Segurança, não na Secretaria de Saúde, ou Educação, ou Habitação. Ele falou uma coisa que me serviu muito em matéria para se refletir. Ele falou que ele sabia que a gente era da Secretaria de Segurança, mas que a gente tinha que saber que éramos a única força do Estado presente na comunidade. Então que a comunidade não sabia distinguir muito bem [homem, agente público, Cantagalo].

Com o fim do conflito armado, a partir da entrada da UPP na comunidade, o principal problema passou a ser a coleta de lixo. O escoamento de lixo gera inclusive conflitos entre moradores. As dificuldades relatadas são muitas, desde a falta de um local adequado para o recolhimento do lixo até o processo de coleta, pois as ruas são estreitas e de difícil circulação para os caminhões da Companhia Municipal de Limpeza Urbana (Comlurb). Outro problema apontado pelos moradores, que agrava a questão do lixo, é a substituição dos antigos garis comunitários por garis concursados. Os garis comunitários eram moradores do Cantagalo, indicados pela associação dos moradores e remunerados pela

Comlurb. Segundo relatos, os garis atualmente são poucos e, por isso, trabalham cada dia em uma área da favela. Além disso, o lixo se acumula, pois as ruas são estreitas e o caminhão de recolhimento de lixo não consegue subir e circular, e sequer os garis conseguem levar todo o lixo para a parte mais baixa da favela, já em Copacabana ou em Ipanema, onde os dejetos poderiam ser recolhidos.

Gari, também é precário. Tiraram os garis comunitários, que estavam no morro há 10 anos. Aí tirou da comunidade para botar um pessoal da rua, que não conhece... Tem medo de trabalhar dentro do morro... Porque como é que você vai contratar um pessoal que é da rua, do gari, para trabalhar dentro do morro quando não conhece nada dentro do morro? O problema todo é esse. Então, o gari também está precário. Dentro do morro é muito lixo [homem, movimento social, Cantagalo].

É, tem umas questões, não é, se você observar, é nítido ver a questão do lixo. Eles não têm uma estrutura ainda viável para uma coleta eficiente de lixo. Então isso é um dos questionamentos, uma das coisas (para as quais) a gente sempre tem reunião, reuniões para poder aprimorar isso. A questão do lixo, que já é a questão do rato, que já é uma questão de saúde pública [homem, agente público, Cantagalo].

Estão fazendo as obras do PAC em toda comunidade, mas não estão olhando para o outro lado menor que é o lixo [...]. A comunidade virou um depósito de lixo, é errado. Vai na rua agora é só lixo. Não tem gari agora. Tem outras causas também, porque ali na descida da ladeira, onde as crianças passam ali na virada, se você vai levar uma criança de manhã para a escola tem que passar por cima de viela que é de esgoto a céu aberto [homem, morador, Cantagalo].

Após a implantação da UPP também o serviço de energia elétrica melhorou, de acordo coma própria avaliação dos moradores. A energia elétrica chega hoje a todas as casas do Cantagalo. Contudo, conforme destacou uma moradora, não houve uma preocupação com a parte "estética" na troca da rede, pois os fios parecem embolados e ainda lembram as redes de ligação clandestina (os "gatos"). O aspecto da segurança da rede de energia ainda preocupa alguns moradores, especialmente em relação às crianças, pois em diversos lugares os fios estão a cerca de um metro e meio do chão, podendo ser tocados.

Quanto à situação de saneamento básico, com as obras do PAC no Cantagalo e no Pavão-Pavãozinho, a maior parte dos moradores passou a ter coleta de esgoto, apesar de relatos de que ainda existe o problema de esgoto a céu aberto, como observado na fala de um dos moradores. Já o acesso à água encanada ainda é restrito, uma vez que a rede não foi finalizada. O acesso à água é feito hoje pelo sistema que os moradores chamam de "manobra", ou seja, a cada dia há o direcionamento do curso da água encanada para uma determinada área da comunidade, serviço que é controlado por um morador local contratado para isso, o "manobreiro".

> É assim, tem um dia sim, um dia não, tem um manobreiro que manobra a água aqui, um dia sim, um dia não... A Light já entrou fazendo uma reforma na rede também. Então o que nós temos, a Light está fazendo uma reforma, nós temos essa água manobrada. O esgoto também não está tão ruim, precisa de uma pequena reforma. [...] O que está faltando esse problema da rua que nós temos certa dificuldade ainda para terminar, problema do esgoto, do lixo também que eles vão fazer ainda, está fazendo um projeto para entrar junto com o PAC, vão fazer um projeto para escoamento do lixo, mas, isso está vindo tudo na segunda fase do PAC. Estamos esperando a segunda fase. [...] Com esse problema da Light que está fazendo um trabalho de reforma e o pessoal também nem pagava, agora vão começar a pagar também, eles vão estar ali para ganhar uma coisa melhor, vão fazer uma assistência melhor, igual à água, a água também vai ser direta e já tem um projeto para a água que nós vamos pagar 16 reais por mês, mas todo mundo vai ter uma água direta, vai ser igual da rua, não vai ter problema aqui [homem, líder local, Cantagalo].

> Porque é a única coisa que não tem... Dá problema, vem rápido para consertar. A Light, agora que está começando a vir para resolver os problemas. Porque, antigamente, não vinha, não é? Afinal de contas, se acabasse a luz meia noite, 1 hora da manhã, só vinha no outro dia de manhã. Agora, não. Acabou, 1 hora, 2 horas, eles já estão aqui no morro para consertar. E a água, ainda é precário. Na água, falta uma semana para chegar à sua casa [homem, de movimento social, Cantagalo].

A segunda etapa do PAC, que teve início em 2011, previa a finalização dos canais para oferta de serviços de abastecimento de água e saneamento básico.

Outro problema de infraestrutura e urbanização no Cantagalo é a dimensão da largura das ruas, que dificulta não somente a coleta de lixo, mas a locomoção dos moradores, bem como a entrega de bens e produtos adquiridos nas lojas e mercados dos bairros vizinhos. Essa dificuldade gerou um sistema de prestação de serviços entre os moradores: os carregadores, que cobram para buscar ou levar mercadorias — geralmente a pé ou com um carrinho de mão.

> Os moradores ligam (para o carregador). Aí tem uns caras que ajudam, carregando. [...] Ah, esse serviço gera de 15 a 20 reais, por serviço. Para carregar um metro de areia aqui está custando 70 reais. Para carregar um metro de pedra é 70 reais. Saco de cimento, cinco reais cada [homem, movimento social, Cantagalo].

> Assim, aqui o deslocamento é muito difícil. Então, para fazer carregamento de bujão de gás, de bebidas, de comida, aqui é um trauma. É um trauma muito grande isso [mulher, agente público, Cantagalo].

Embora as ONGs promovam acesso à cultura e à prática de esportes, os moradores reclamam também das opções de lazer na comunidade, especialmente após a chegada da UPP, que proibiu a realização dos bailes *funk*. Os moradores aproveitam a localização privilegiada e utilizam muito a praia, mas não há outros espaços de lazer dentro do Cantagalo.

Nas falas do Vidigal também percebemos que os principais problemas existentes são relacionados à infraestrutura e à urbanização. Os moradores atribuem tais problemas principalmente à ausência do Estado.

> Transporte, saneamento, asfalto, poda, desmoronamento. O que você puder imaginar dentro de uma comunidade, o Vidigal sofre, porque ele está completamente abandonado pelo poder público [homem, líder local, Vidigal].

A meu ver já melhorou muito, o tempo que eu moro aqui, as coisas já melhoraram muito, mas assim, a gente sente ainda falta do Estado mesmo né, porque muitas das coisas que acontecem são mais por iniciativa das ONGs, iniciativa privada [mulher, moradora, Vidigal].

Uma diferença importante entre Cantagalo e Vidigal é que, enquanto no Cantagalo os moradores reclamam bastante da ausência dos serviços públicos, no Vidigal a reclamação não é tanto pela ausência, mas sim pela diferença na qualidade do serviço que eles recebem, em comparação ao serviço que é ofertado aos moradores da cidade formal, do asfalto.

É que passa pelo estigma que morador de favela é irregular, então ele não tem direito a serviços que o pessoal lá debaixo tem, ao longo dos anos foi assim, a questão da irregularidade, mas de fato não é assim, as pessoas não optaram a vir morar aqui porque elas querem ou elas não querem pagar imposto [homem, morador, Vidigal].

O Vidigal integrou o programa Favela-Bairro nos anos 1990, cujo enfoque foi o saneamento básico e infraestrutura, conforme explicado na seção anterior. No entanto, segundo os entrevistados, o programa não abrangeu todo o Vidigal e, ainda hoje, muitas casas não estão ligadas às redes de água e esgoto, o que obriga muitos moradores a buscarem água em localidades mais distantes de suas casas.

Infelizmente a comunidade teve o seu Favela-Bairro, 1990 ou 2000, não me lembro muito bem a data, foi feito o Favela-Bairro, o saneamento quase todo da comunidade. Teve a ligação da água da Cedae, mas não abrangeu toda a comunidade, e foi feito esse saneamento, o Favela-Bairro em si, e nunca mais teve manutenção. Até hoje vemos vários lugares, em vários setores, esgoto a céu aberto, lugares que não vai água da Cedae [homem, líder local, Vidigal].

Assim como no Cantagalo, a dificuldade de acesso a determinadas áreas do Vidigal (devido à geografia do local) levou à criação do serviço de "carregadores", porém em menor escala, na medida em que muitos moradores têm veículo próprio.

A questão do transporte apareceu como segundo maior problema na fala dos moradores do Vidigal no *survey*. Já nas entrevistas qualitativas, eles apontam que houve alguma melhora por causa da oferta de vans, mas reclamam que não há oferta de linhas suficientes para muitas regiões da cidade.

> Acredito que o transporte melhorou, até pela questão das vans, assim para algumas áreas, por exemplo, Copacabana, Ipanema, Centro, é bom, mas para Botafogo, Jardim Botânico, ainda está muito ruim, né. As vans são independentes das empresas de ônibus. Fizemos aqui um abaixo assinado, para colocar o 21 e 22 para Botafogo, entendeu, então a gente precisa botar o 21 e 22, mas demora um pouco ainda [mulher, moradora, Vidigal].

A carência ou a baixa qualidade em termos de infraestrutura e urbanização são problemas persistentes nessas duas favelas. Mas o que faz os moradores apreciarem viver nessas localidades? Quais os aspectos positivos e qualidades vistas por quem habita essas duas favelas?

Os moradores do Cantagalo e do Vidigal entendem que sua rotina não difere muito da rotina dos moradores do asfalto. Em seus depoimentos, é comum a referência ao cotidiano como: trabalho durante o dia; ficar em casa com a família à noite, ir à praia no fim de semana.

Perguntamos a eles quais as duas principais qualidades ou aspectos positivos de viver nessas favelas, e os moradores de ambas as localidades destacaram a localização como o principal benefício.

No Cantagalo a segurança é a segunda característica positiva mais mencionada, e no Vidigal o ambiente é que ganha destaque, remetendo à tranquilidade e buscando a negação da visão corrente da favela como "antro" de desordem e violência. O ambiente é destacado também quando os moradores afirmam sentirem-se mais tranquilos devido ao fim da disputa pelo domínio de pontos de venda de drogas entre grupos rivais na comunidade. O fim da guerra entre facções do tráfico repercutiu, inclusive, na melhoria da prestação de serviços privados como a instalação de bancos, farmácias, supermercados e restaurantes na comunidade. Assim, na visão dos entrevistados, o Vidigal vem melhorando em termos de segurança, apesar de, na época da realização das entrevistas, não existir a sede da UPP na localidade.

> Porque há cinco ou seis anos atrás o Vidigal teve aquele problema que é de conhecimento de todos que foi o caso da guerra. E nós ficamos vários anos acuados. De uns três anos para cá nós estamos em paz, não há mais guerra. Hoje a comunidade tem pouco lazer dentro da comunidade, poucas opções, mas a comunidade está começando a se soltar mais. As mães saírem mais com seus filhos, ficarem mais na rua, ficar batendo papo, irem para a igreja, para a praia, sem medo nenhum de que a qualquer momento ter uma guerra que coloque em risco a vida delas e dos seus [homem, líder local, Vidigal].

O ambiente tranquilo e familiar aparece ainda quando afirmam que não vivem mais diariamente sob a ameaça de operações policiais imprevisíveis e à mercê da atitude arbitrária da maioria dos agentes que conduzem essas operações — essa fala é mais comum no Vidigal, mas também aparece no Cantagalo.

> Eu acho que o mais complicado era mesmo as invasões, os movimentos de drogas, acabava que todos se prejudicam com isso, todos nós sofremos com essa situação de uma facção invadir, outra facção sair, outra facção fica, outra facção sai. A gente fica em alerta, todo mundo fica sofrendo, o conflito maior aqui dentro era esse [mulher, moradora, Vidigal].

Gráfico 2 | Principal qualidade que a favela possui, em primeiro e segundo lugar (%)

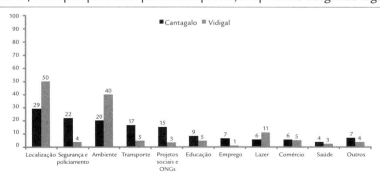

Base: 397 entrevistas no Cantagalo e 405 entrevistas no Vidigal.

Transporte, atuação de ONGs e desenvolvimento de projetos sociais são destaques importantes no Cantagalo. Em relação ao transporte, os moradores referem-se exclusivamente à construção do elevador do metrô como um incremento positivo à comunidade. Quanto à atuação de ONGs e projetos sociais, os moradores destacam os projetos realizado no Ciep:

> De cinco anos para cá tem tido um trabalho de um grupo, a comunidade vem crescendo muito, digamos que dos anos 80 para cá fez obra, fez muito trabalho na comunidade, inclusive esse Ciep aqui, já entregaram o prédio, era um hotel. Virou órgão de defesa. Era um prédio abandonado, antes era um órgão público, aí virou um Ciep, fez a estrada, fez alguns prédios e colocou então água, luz e esgoto na comunidade. É esse grupo pressionando o poder público e fazendo acontecer. [...] Até então era uma favela, uma favelinha sem muita expressão, como digamos em questão até de saúde, então hoje a comunidade de Cantagalo e Pavão/Pavãozinho começou a crescer bastante [homem, líder local, Cantagalo].

É interessante notar que existe uma diferença significativa no nível de associativismo e participação dos moradores das duas favelas. Em ambas, a participação e o envolvimento dos moradores em assuntos da comunidade são baixos, mas no Cantagalo são bem mais expressivos que no Vidigal. Enquanto no Cantagalo 51% dos entrevistados declararam nunca participar de atividades relacionadas aos problemas da comunidade, como reuniões da associação de moradores, abaixo-assinados, manifestações etc., no Vidigal esse percentual salta para 80%.

Gráfico 3 | Frequência com que moradores participam de atividades relacionadas a problemas da comunidade (%)

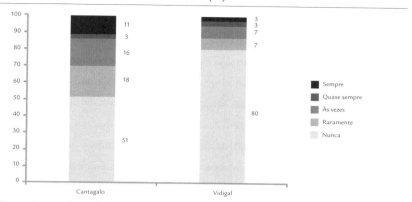

Base: 397 entrevistas no Cantagalo e 405 entrevistas no Vidigal.

A geografia do Cantagalo contribui para essa diferença — é uma favela de menor extensão territorial; e a existência do prédio do Ciep concentrando as atividades dos grupos e ONGs e da associação dos moradores é um facilitador para uma participação relativamente maior. Apesar do menor nível de participação, é frequente transparecer, nas falas dos moradores do Vidigal e dos próprios líderes locais, a percepção de que para conseguir algo na comunidade, como a prestação de um serviço, por exemplo, é preciso demandar e pressionar os poderes públicos, pela via clientelista ou por meio de protestos.

> Faltou energia elétrica, aí o que acontece, aí infelizmente, a gente tem que pedir para algumas pessoas que trabalham com os parlamentares para poder acionar. Porque a Light se o morador ligar para lá, eles registram, mas demora às vezes 24, 48 horas para dar uma resposta. Agora quando é uma pessoa trabalhando com o poder público, e que pede para o parlamentar, tem voz ativa, rapidinho é acionado, entendeu. E a gente também já conseguiu através de parar a Niemeyer. Eu já participei de movimentos parando a Niemeyer aí rapidinho chega. Teve uma época que o último movimento foi, vamos colocar assim violento, porque teve fogo. A gente estava em uma festa, ali naquela rampa, né, na passarela, uma casa ali, e aí de repente acabou a luz, e era uma festa muito cheia, muito cheia... Ligaram na Light, ligaram e nada.

Três, quatro horas sem nada, aí os moradores que estavam por ali, conversando embaixo já na rua, começaram a jogar as coisas na Niemeyer, colocar fogo... [mulher, moradora, Vidigal].

A UPP também pode ser uma via importante de promoção da participação popular nessas comunidades — o que só conseguiremos verificar com a realização de pesquisas futuras no Vidigal, pois ao contrastarmos os dados atuais com os dados futuros, será possível compreender se, de fato, a UPP propiciará o aumento de participação e envolvimento comunitário no Vidigal.

De toda sorte, a baixa participação comunitária e o fraco associativismo são características gerais do povo brasileiro, não restritos aos moradores de favelas. Os baixos índices de participação podem ser explicados pelo próprio processo de constituição da cidadania no país. Como ressalta Carvalho,[31] no Brasil a aquisição de direitos de cidadania é feita via concessões do Estado, num movimento tutelado, de cima para baixo, não havendo grande mobilização da sociedade. Esse tema será tratado no próximo capítulo.

Neste capítulo, o que gostaríamos de sublinhar é que a favela como problema, que foi sendo construído ao longo do século XX, primeiro como problema higiênico e policial, passando a problema urbanístico e mais tardiamente agregando a dimensão de problema social, como bem retratam Alba Zaluar e Marcos Alvito[32] e Lícia Valladares,[33] chega ao século XXI, ao ano de 2011, com muitas das características e dos estigmas que surgiram com ela. Há vestígios e marcas fortes de toda essa história de mais de um século na percepção que os moradores das favelas têm de si mesmos e dos espaços nos quais habitam.

Apesar de identificarmos na fala dos moradores a impressão de uma melhoria na forma como são vistos pela sociedade (especialmente entre os moradores do Cantagalo após a instalação da UPP), notamos ainda algum ressentimento e percepção de marginalização, já que ainda não há regularização fundiária e urbanística plena nessas áreas e a prestação de serviços públicos e privados ainda

---

[31] CARVALHO, José Murilo. *Cidadania no Brasil*: o longo caminho. São Paulo: Companhia das Letras, 2007.
[32] Zaluar e Alvito, *Um século de favela*, 1998, p. 9.
[33] Valladares, *A invenção da favela*, 2005, p. 151.

é precária, se comparada com a prestação desses serviços nos bairros da cidade. Ou seja, mesmo reconhecendo os avanços gerados pela política de pacificação e pelas melhorias propiciadas por projetos de regularização fundiária e urbanística, a cisão *favela* × *bairro* perdura tanto no plano formal quanto no plano material.

Referências

BURGOS, Marcelo Baumann. Dos Parques Proletários ao Favela-Bairro. In: ZALUAR, Alba; ALVITO, Marcos. *Um século de favela*. Rio de Janeiro: FGV, 1998. p. 25-60.

CARDOSO, Adauto Lucio. O programa Favela-Bairro: uma avaliação. In: SEMINÁRIO DE AVALIAÇÃO DE PROJETOS IPT EM HABITAÇÃO E MEIO AMBIENTE: ASSENTAMENTOS URBANOS PRECÁRIOS, 2001. *Anais...* São Paulo: IPT, 2002. p. 37-50.

CARVALHO, José Murilo. *Cidadania no Brasil*: o longo caminho. São Paulo: Companhia das Letras, 2007.

COMPANS, Rose. A regularização fundiária de favelas no Rio de Janeiro. *Revista do Rio de Janeiro*, n. 9, p. 41-53, 2003.

CUNHA, Neiva Vieira da; MELLO, Marco Antonio da Silva. Novos conflitos na cidade: a UPP e o processo de urbanização na favela. *Dilemas*, Rio de Janeiro, v. 4, n. 3, p. 371-401, 2011. Disponível em: <www.ifcs.ufrj.br/~lemetro/mello_e_cunha_novos_conflitos_na_cidade.pdf>. Acesso em: 21 mar. 2012.

DAVIS, Mike. *Planeta favela*. São Paulo: Boitempo, 2006.

FREIRE, Leticia de Luna. Favela, bairro ou comunidade? Quando uma política urbana torna-se uma política de significados. *Dilemas*, Rio de Janeiro, v. 1, n. 2, p. 95-114, 2008. Disponível em: <http://revistadil.dominiotemporario.com/doc/Dilemas2Art4.pdf>. Acesso em: 21 mar. 2012.

RIBEIRO, Luiz Cesar de Queiroz; LAGO, Luciana Corrêa do. A oposição favela-bairro no espaço social do Rio de Janeiro. *São Paulo em Perspectiva*, São Paulo, v. 15, n. 1, p. 144-154, 2001. Disponível em: <www.scielo.br/scielo.php?script=sci_arttext&pid=S0102-88392001000100016&lng=en&nrm=iso>. Acesso em: 21 mar. 2012.

VALLADARES, Licia do Prado. *Pensando as favelas no Rio de Janeiro*. Rio de Janeiro: Relume Dumará, 2003.

_____. *A invenção da favela*: do mito de origem à favela.com. Rio de Janeiro: FGV, 2005.

ZALUAR, Alba; ALVITO, Marcos. *Um século de favela*. Rio de Janeiro: FGV, 1998.

CAPÍTULO 3
Cidadania na favela: conhecimento e percepção de direitos e das instituições de Justiça

FABIANA LUCI DE OLIVEIRA

Como vimos no capítulo anterior, os moradores das favelas do Cantagalo e do Vidigal ainda sofrem muitas restrições ao exercício pleno de sua cidadania. Partindo de uma definição mínima de cidadania, entendida como a titularidade de direitos civis, políticos e sociais,[1] buscamos mapear o quanto esses moradores se percebem como cidadãos, qual a extensão do seu conhecimento com relação à existência de direitos fundamentais, e também avaliar seu conhecimento e percepção quanto aos meios, instituições e agentes encarregados de assegurar, garantir e efetivar esses direitos e administrar ou solucionar eventuais conflitos.

Uma importante referência nesse estudo é pesquisa do Cpdoc, conduzida no final da década de 1990 por Pandolfi e colaboradores[2] junto aos moradores da região metropolitana do Rio de Janeiro. Essa pesquisa constatou a absoluta falta de conhecimento dos cidadãos com relação aos seus direitos. Ao solicitar aos entrevistados que enumerassem três dos mais importantes direitos dos brasilei-

---

[1] MARSHALL, Thomas Humphrey. *Class, citizenship and social development.* Connecticut: Greenwood, 1976; CARDOSO DE OLIVEIRA, Roberto. Entre o justo e o solidário: os dilemas dos direitos de cidadania no Brasil e nos EUA. *Revista Brasileira de Ciências Sociais*, São Paulo, v. 11, n. 31, p. 67-81, jun. 1996; PANDOLFI, Dulce Chaves et al. *Cidadania, justiça e violência.* Rio de Janeiro: FGV, 1999; CARVALHO, José Murilo de. *Cidadania no Brasil*: o longo caminho. São Paulo: Companhia das Letras, 2007.

[2] Pandolfi et al., *Cidadania, justiça e violência*, 1999.

ros, 56,7% deles não souberam mencionar nem mesmo um direito garantido aos cidadãos. Entre os entrevistados que souberam citar algum direito, os mais lembrados foram os sociais (mencionados por 25,8% dos entrevistados) e os civis (citados por 11,7% dos entrevistados). Os direitos políticos foram muito pouco lembrados (apenas 1,6% dos entrevistados se referiram a algum direito político), já que o voto foi encarado antes como um dever do que um direito. A conclusão dos autores é a de que a população brasileira reconhece-se mais numa perspectiva de cidadania regulada do que na de uma cidadania participativa, associando os direitos que possuem como cidadãos principalmente aos direitos sociais.

> No imaginário do povo, a palavra "direitos" (usada sobretudo no plural) é, via de regra, relacionada com aquele conjunto dos benefícios garantidos pelas leis trabalhistas e previdenciárias implantadas durante a era Vargas. Portanto, não é de se estranhar que na pesquisa "Lei, justiça e cidadania", os direitos sociais tenham sido os mais "reconhecidos" pela população.[3]

Tal constatação caminha no mesmo sentido apontado por Carvalho[4] ao afirmar que no Brasil, devido ao processo histórico de construção da cidadania, num movimento de cima para baixo, teríamos o que ele denomina "estadania". Por estatania entende a centralidade do Estado na organização da sociedade e na incorporação dos cidadãos à esfera dos direitos. Haveria no Brasil, de um lado, um Estado que coopta seletivamente os cidadãos a partir da promoção de políticas públicas de cunho paternalista e corporativista, e, de outro, uma sociedade que busca o Estado para o atendimento de seus interesses privados. O Estado teria, assim, não um caráter público e universalista, mas sim paroquialista. Segundo Carvalho, no Brasil "a incorporação à sociedade civil até hoje é precária, apesar de garantida em lei. A ineficiência do judiciário e a inadequação do sistema policial excluem a maior parte da população do gozo dos direitos individuais".[5]

---

[3] Pandolfi et al., *Cidadania, justiça e violência*, 1999, p. 53.
[4] Carvalho, *Cidadania no Brasil*, 2007.
[5] CARVALHO, José Murilo de. Cidadania, estadania, apatia. *Jornal do Brasil*, Rio de Janeiro, p. 8, 24 jun. 2001.

Considerando essa discussão, é de suma importância entender o quanto os moradores das favelas conhecem seus direitos e as instituições formais de garantia desses direitos e de prestação de justiça.

Conhecimento de direitos

Perguntamos inicialmente aos moradores do Cantagalo e do Vidigal se saberiam citar algum direito garantido aos cidadãos brasileiros. A pergunta foi endereçada a eles da seguinte forma: "Dizem que a lei brasileira dá muitos direitos às pessoas. Você conhece ou saberia dizer algum dos direitos que possui?".

Assim como na pesquisa do Cpdoc no final da década de 1990, transcorridos mais de 20 anos, em nossa pesquisa metade dos entrevistados não soube mencionar sequer um direito: 55% dos moradores do Cantagalo e 50% dos moradores do Vidigal declararam não conhecer nenhum direito garantido às pessoas pela lei brasileira.

Apesar do padrão de desconhecimento se repetir, há uma diferença importante registrada em nossa pesquisa: os direitos civis aparecem praticamente com a mesma frequência e importância que os direitos sociais. Se há um lugar no Rio de Janeiro em que os direitos civis foram mais desrespeitados, esse lugar é a favela, e seus moradores aprenderam a dar valor e atenção maior a eles.

Gráfico 1 | Conhecimento sobre direitos (%)

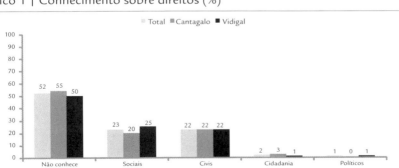

Base: 397 entrevistas no Cantagalo e 405 entrevistas no Vidigal.

O conhecimento dos direitos está bastante associado à escolaridade dos moradores — 73% dos moradores com baixa escolaridade (até 4ª série) não souberam citar direitos, comparado a 44% dos moradores com escolaridade média (ensino médio) e apenas 14% dos moradores com alta escolaridade (ensino superior). Outras características associadas ao conhecimento dos direitos são o regime jurídico de trabalho (trabalhadores formais × informais × desempregados × não trabalham) e o tempo de pertencimento do morador na comunidade (imigrante × local).[6] Em contraste, foi possível constatar que o gênero não é significativo.

Tabela 1 | Conhecimento sobre direitos, de acordo com gênero, escolaridade, situação de trabalho e de residência

	Gênero		Escolaridade				Trabalho				Morador	
	Masc.	Fem.	Até 4ª série	5ª-8ª série	Médio	Superior	Informal	Formal	Desemp.	Não trabalha	Local	Imigrante
Não conhece	54%	51%	73%	59%	44%	14%	53%	47%	62%	59%	49%	64%
Sociais	24%	21%	19%	18%	26%	35%	22%	25%	13%	25%	24%	19%
Civis	20%	25%	8%	22%	26%	45%	23%	25%	24%	13%	24%	16%
Cidadania	1%	2%	-	1%	2%	4%	2%	3%	1%	-	2%	1%
Políticos	1%	-	-	-	1%	1%	1%	-	-	2%	-	1%
Total (N)	409	393	151	245	310	71	282	316	78	126	611	191

Adotamos em nossa pesquisa o mesmo procedimento usado por Pandolfi e colaboradores, registrando as respostas à pergunta de forma aberta e, em seguida, agrupando-as em torno de temas recorrentes e, por fim, classificando-as de acordo com os três tipos de direitos: civis, políticos e sociais.

Na resposta aberta, o direito mais citado foi a liberdade de ir e vir (classificamos nessa categoria menções à "liberdade de locomoção", "liberdade de andar pela comunidade", "liberdade de acesso aos lugares públicos da cidade" etc.).

---

[6] Lembrando que consideramos como imigrantes os entrevistados que declararam morar há 20 anos ou menos na favela e como locais todos aqueles que residem ali há mais de 20 anos.

A liberdade de ir e vir ganha um pouco mais de destaque no Vidigal do que no Cantagalo, sobretudo porque, no momento de realização da pesquisa, o Vidigal ainda era dominado por uma facção criminosa.

Os direitos à saúde, à educação e à moradia vêm em seguida. A proteção da mulher vítima de violência, a partir da Lei Maria da Penha, foi o quarto direito mais citado no Cantagalo e o sexto mais mencionado pelos moradores do Vidigal, sendo citado tanto por homens quanto por mulheres. Nos relatos dos moradores e dos líderes comunitários, pudemos verificar que os conflitos de família são muito recorrentes, daí o destaque que a Lei Maria da Penha ganha.

Gráfico 2 | Direitos mais citados (%)

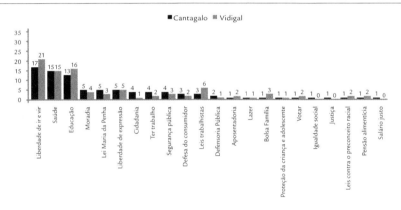

Base: 397 entrevistas no Cantagalo e 405 entrevistas no Vidigal.

Outra diferença importante entre os resultados encontrados por Pandolfi e colaboradores[7] para a Região Metropolitana do Rio de Janeiro e os que encontramos agora para as duas favelas pesquisadas é o peso das questões trabalhistas. Enquanto na pesquisa de Pandolfi a grande maioria dos entrevistados mencionou questões relacionadas com o trabalho, o salário e o emprego, quando se referiam aos direitos sociais, os moradores do Cantagalo e do Vidigal

---

[7] Pandolfi et al., *Cidadania, justiça e violência*, 1999.

voltaram-se mais para questões da saúde, educação e moradia. Cerca de 10% dos moradores do Vidigal e 9% dos moradores do Cantagalo focaram questões de trabalho: ter trabalho, leis trabalhistas, aposentadoria e salário justo.

Roberto Cardoso de Oliveira[8] chama atenção para o fato de que é comum os brasileiros associarem a categoria de cidadão à de trabalhador — cidadão é aquele que está empregado ou estuda, por oposição ao vagabundo ou ao bandido. É a cidadania regulada, discutida por Wanderley Guilherme dos Santos, "embutida na profissão", em que "os direitos do cidadão restringem-se aos direitos do lugar que ocupa no processo produtivo, tal como reconhecido por lei".[9]

Essa tendência não aparece muito na fala dos moradores das duas favelas, em grande parte pelo fato de haver pouca formalização no mundo do trabalho ali. Há, inclusive, algumas falas de moradores criticando essa estigmatização e visão de que só é cidadão quem tem trabalho formal.

> Eu desde pequeno sempre ouvi falar, não só do meu pai, mas de todas as outras pessoas de dentro da escola que você precisa estudar, e você precisa ter um trabalho de carteira assinada para você ser alguém na vida. Mas você já é alguém na vida! Você perguntou, será que os moradores sabem o direito deles? Primeiro os moradores não sabem quem ele é como pessoa, você tem que mostrar para o morador daqui e para o morador lá de baixo também que o favelado é pessoa. E aí você vai ficar pensando que eu só tenho que estudar, que eu só tenho que trabalhar, que eu preciso ter um trabalho de carteira assinada para ser considerado uma pessoa, senão eu não sou ninguém, é um vagabundo, né? Mas quem garante que aquele moleque que está lá e que não conseguiu um emprego ainda, quem garante que ele não está todo dia descendo com sua pastinha indo procurar emprego? Ou que ele trabalha em algum lugar de forma autônoma? [homem, morador, Vidigal].

O diagnóstico geral é o de que os moradores destas favelas conhecem muito pouco os seus direitos, mas esse desconhecimento não parece ser maior que o

---

[8] Cardoso de Oliveira, "Entre o justo e o solidário", 1996.
[9] SANTOS, Wanderley Guilherme dos. *Cidadania e Justiça*: a política social na ordem brasileira. Rio de Janeiro: Campus, 1979. p. 75.

dos moradores da região metropolitana do Rio de Janeiro como um todo,[10] e quiçá dos brasileiros.

Apesar de ter sido realizado há uma década, o estudo de Pandolfi e colaboradores[11] indica que a distância entre "morro e asfalto", no que diz respeito ao conhecimento de direitos, não é significativa, ao menos em relação a essas duas favelas que estão localizadas em uma área privilegiada da cidade. Verificamos, por meio da análise dos relatos de moradores, líderes e agentes comunitários, que é comum a referência às vantagens que a Zona Sul possibilita no tocante ao acesso à informação, quando se comparam aos moradores de outras favelas da cidade mais distantes da Zona Sul. Tampouco podemos ignorar a distribuição desigual das ações do poder público nas áreas de segurança e urbanização das favelas no Rio de Janeiro, que priorizam a Zona Sul e acabam por influenciar na percepção e no conhecimento de direitos.

Outro ator importante na difusão de informações sobre direitos e garantias fundamentais é a mídia. Ou seja, um nível mínimo de conhecimento de direitos, especialmente aqueles básicos, veiculados, sobretudo, pela televisão. Porém trata-se na maioria das vezes de um conhecimento superficial, sobre a existência de alguns direitos, e não dos meios para efetivá-los. Ou seja, a maioria dos moradores não sabe se pode, ou como pode, procurar as instituições do sistema de Justiça para assegurar o cumprimento dos seus direitos. Sem falar que a linguagem dos direitos, a linguagem da lei, é apontada como excessivamente sofisticada e complicada para o cidadão comum.

Até porque a mídia, ela acaba te proporcionando isso, não é? O informativo está aceleradíssimo. Então, assim, eles têm o conhecimento sim. Eles até debatem com a gente, sobre isso [mulher, agente público, Cantagalo].

Eles têm ideia dos direitos de ser lesado por uma loja, por exemplo, do direito de consumidor, isso tudo que a televisão explica eles sabem [...]. Mas outros direitos é mais difícil saber e entender. A própria lei ela é feita para doutores não é? Ela não

---

[10] Pandolfi et al., *Cidadania, justiça e violência*, 1999.
[11] Ibid.

é feita para o cidadão comum, que fala "nóis vai, nóis vem" entendeu? Ela é feita para doutores e os doutores não mastigam aquilo para falar de uma forma que se entenda, que o cidadão comum, principalmente o que não teve a oportunidade de ir a escola, entenda [mulher, movimento social, Vidigal].

[...] isso que está faltando muito ainda, o conhecimento sobre direitos. Isso aí muita gente não está sabendo ainda. Realmente o pessoal está muito atrasado nisso aí, porque até então ninguém procurava o mundo da Justiça. Porque tinha medo, não podia porque se procurasse a polícia, se procurasse alguma coisa, era proibido. Porque quem mandava era o tráfico, o tráfico não queria negócio com comunicação e o pessoal tinha medo. Então, isso é uma coisa que o pessoal está ainda preso nisso, por mais que a gente tente ajudar ainda o pessoal está leigo nisso, é difícil [homem, líder local, Cantagalo].

Eu acho, me desculpa, mas eu acho que nós não temos esse conhecimento, o direito de ir e vir, nesse conhecimento, nessa noção de comunidade fica ouvindo isso na TV, no rádio, todo mundo falando, mas eu acho que não existe entendimento. Eu acho que o tráfico também deixou muito essa marca, mexeu muito com essa questão de ir e vir. Tem o tráfico, daqui a pouco tem a polícia e aí o GPAE não dá certo, aí mexe muito com essa questão. Eu sei que a gente tem esse direito, só que a gente não consegue agir, não sabe direito o que fazer [homem, morador, Cantagalo].

Além do desconhecimento, o medo e a vergonha são barreiras importantes a serem vencidas para garantir o efetivo acesso à Justiça para os moradores dessas localidades. Para isso, o investimento em educação é essencial. Não podemos esquecer que, como afirmava Boaventura de Sousa Santos, já na década de 1980, as pessoas com menor acesso a recursos (econômicos, sociais e culturais) tendem a desconhecer as garantias legais, ou a ter um conhecimento mais precário de seus direitos e, portanto, a ter maiores dificuldades para reconhecer um problema que as afeta como um problema passível de solução jurídica.[12]

---

[12] SANTOS, Boaventura de Sousa. The law of the oppressed: the construction and reproduction of legality in Pasargada. *Law and Society Review*, Massachusetts, v. 12, n. 1, p. 48, 1974.

Apesar do desconhecimento acerca dos principais direitos garantidos pela Constituição, os moradores dessas favelas sentem-se pouco respeitados como cidadãos. É notável a percepção de abandono referida pelos moradores, em grande parte devido à longa ausência do Estado nessas localidades. Esse paradoxo, consistente no fato de desconhecerem formalmente os direitos, mas ao mesmo tempo apontarem que eles não são respeitados, também foi encontrado por Pandolfi e colaboradores.[13] Eles argumentam que a dificuldade para enumerar os direitos existentes não significa indiferença ou conformismo diante do déficit de cidadania, uma vez que a população questiona, sim, a ausência da efetivação desses direitos.[14] Essa população reclama da impotência e do sentimento de desamparo sentidos em razão do abandono pelo Estado.

Gráfico 3 | O quanto acredita que direitos sejam respeitados na prática (%)

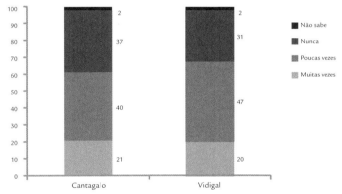

Base: 397 entrevistas no Cantagalo e 405 entrevistas no Vidigal.

Eles se sentem cidadãos, só que eles não se sentem amparados, eles sabem o que é isso, mas, tem hora que eles falam... "nós não temos mais direitos de nada, tudo é complicado, não acreditamos mais em nada, nada funciona, quando a gente precisa de uma coisa não tem, se é assim um atendimento médico até tem, mas é precário, você passa dez horas em uma fila"... [mulher, líder local, Vidigal].

---

[13] Pandolfi et al., *Cidadania, justiça e violência*, 1999.
[14] Ibid., p. 54-55.

Como aponta José Murilo de Carvalho, essas pessoas não têm ideia exata de quais são seus direitos, e quando têm essa noção, na maioria das vezes carecem dos meios necessários para fazê-los valer, seja porque desconhecem os meios de luta e defesa (judiciais ou extrajudiciais), seja porque têm medo, vergonha ou dificuldade de acessar os órgãos ou as autoridades competentes.[15]

O questionamento, a cobrança e a expectativa são direcionados principalmente ao Estado, aos governos e ao poder público de forma geral. Espera-se muito do governo, do Executivo em especial. Quanto maior a escolaridade, maior é a cobrança e a expectativa de que o governo tenha papel central na efetivação e na garantia de direitos.

Especialmente no Vidigal, até pela presença ostensiva do tráfico quando da realização de nosso *survey*, os moradores pareceram mais descrentes em relação à Justiça, ao apontarem que as leis não seriam cumpridas e a Justiça "não faria valer as leis". Afirmaram que o domínio dos traficantes de drogas desestimulava a procura pelos equipamentos formais de Justiça, seja porque os moradores tinham medo de serem confundidos com delatores, seja porque podiam contar com a mediação do próprio tráfico (chamado de "movimento") para a solução desses conflitos.

Na visão de alguns entrevistados do Cantagalo, o preconceito que relatam, em relação aos moradores das favelas, está associado à presença ostensiva do tráfico. Os habitantes dos bairros do entorno não dissociariam o morador comum do traficante. O maior exemplo nesse sentido era o fato de que os moradores tinham dificuldades para se empregar quando diziam o local em que residiam.

> O problema todo é que a gente não sentia que era cidadão, porque a gente era tratado lá embaixo como bandido ou conivente. Como o tráfico mandava aqui, a gente sabia, todo mundo sabia, até o governo sabia, então o pessoal achava que todo mundo aqui, a gente era conivente, não sabia que a gente vivia oprimido, entendeu? Eles não entediam desse jeito, eles entendiam que éramos coniventes, por mais que a gente explicava. Tanto que era difícil você empregar uma pessoa aqui embaixo,

---

[15] Carvalho, *Cidadania no Brasil*, 2007, p. 156.

uma pessoa da comunidade. Hoje em dia, eles já estão entendendo, que não era bem assim, que nós vivíamos oprimidos. Hoje em dia tem prédios aqui do lado que é o porteiro, faxineiro, a empregada, todo mundo é da comunidade, entendeu? Então eles estão entendendo que nós não éramos coniventes, a gente vivia oprimido [homem, líder local, Cantagalo].

Quando questionamos os moradores sobre quais direitos não são respeitados, percebemos como a ausência de serviços públicos afeta a percepção sobre cidadania e justiça. A ausência desses serviços levou a uma percepção de distanciamento do Estado, que se refletiu na percepção de ausência ou inexistência de Justiça, e na falta de autorreconhecimento desses moradores como cidadãos.

No Cantagalo a questão do recolhimento do lixo foi a maior reclamação, mas há, também, a questão do acesso à favela, do transporte, do saneamento, do arruamento etc.

Não ter um acesso mais fácil às residências. Da rua até as suas residências. Eu acho que isso conta [mulher, agente público, Cantagalo].

O morador em si, acho que como todo brasileiro, é descrente. Quando se fala em direitos se fala em lei, se fala em lei a lei não é cumprida, não é? Favorece os poderosos e massacra os discriminados, então eu não acredito [homem, líder local, Vidigal].

É como eu falei, a comunidade está completamente esquecida pelo poder público, totalmente [homem, líder local, Vidigal].

Por sentirem que o Estado abandonou suas comunidades, os moradores apontam o governo como o principal responsável por cuidar do respeito aos direitos, e por garantir sua efetivação. Lembrando que, como vimos no segundo capítulo, aspectos relacionados à infraestrutura são vistos como a principal carência nessas localidades, destacados pelos moradores como a primeira coisa que mudariam em suas comunidades para alcançarem melhorias em sua qualidade de vida.

Gráfico 4 | Principal responsável por cuidar do respeito aos direitos (%)

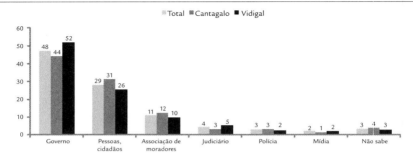

Base: 397 entrevistas no Cantagalo e 405 entrevistas no Vidigal.

Mas apontar o governo como principal responsável por cuidar do respeito aos direitos não é algo específico dos moradores das favelas. O brasileiro de maneira geral espera esse papel do Estado, uma vez que, como indica Carvalho,[16] a maioria dos direitos adquiridos pelos brasileiros não veio a partir de lutas, reivindicações e conquistas da sociedade, mas foi resultado de concessões feitas pelo Estado. Na leitura de Carvalho, a cidadania do brasileiro seria incompleta e tutelada pelo Estado.[17]

É interessante notar que no Cantagalo há uma expressividade um pouco maior no sentido de indicar os próprios moradores como responsáveis por cuidar do respeito aos próprios direitos. Isso pode ser lido também como reflexo da mobilização e do envolvimento comunitário, que são maiores no Cantagalo do que no Vidigal (ver cap. 2, gráfico 3, p. 61).

---

[16] Carvalho, *Cidadania no Brasil*, 2007.
[17] Em pesquisa de âmbito nacional, foi perguntado aos entrevistados a quem caberia cuidar do respeito aos direitos do consumidor. A maioria dos brasileiros, independente de escolaridade, renda ou classe social, indicou o Estado como o principal responsável por garantir que esses direitos sejam respeitados (54% dos entrevistados apontaram o Estado ou governo). Ver WADA, Ricardo Morishita; OLIVEIRA, Fabiana Luci. *Direito do consumidor*: 22 anos de vigência do CDC. Rio de Janeiro: Elsevier, 2012.

Tabela 2 | Principal responsável por cuidar do respeito aos direitos, de acordo com gênero, escolaridade, situação de trabalho, residência e conhecimento dos direitos

	Gênero		Escolaridade				Trabalho				Morador		Direitos	
	Masc.	Fem.	Até 4ª série	5ª-8ª série	Médio	Superior	Informal	Formal	Desempregado	Não trabalha	Local	Imigrante	Não conhece	Conhece
Governo	48%	48%	45%	44%	52%	54%	47%	48%	51%	48%	47%	51%	45%	51%
Pessoas, cidadãos	30%	27%	27%	27%	32%	28%	29%	31%	29%	20%	30%	25%	27%	30%
Associação de moradores	10%	12%	13%	14%	7%	7%	11%	10%	10%	14%	11%	12%	15%	6%
Judiciário	3%	5%	4%	3%	5%	8%	4%	5%	4%	4%	5%	3%	3%	6%
Polícia	3%	2%	4%	3%	2%	-	4%	1%	-	6%	2%	4%	4%	2%
Mídia	1%	2%	1%	3%	1%	1%	2%	2%	1%	2%	2%	2%	1%	2%
Não sabe	3%	3%	5%	5%	1%	1%	3%	3%	4%	6%	3%	4%	5%	2%
Total	409	393	151	245	310	71	282	316	78	126	611	191	421	381

Com a percepção de que cabe também aos moradores zelarem pela garantia de seus direitos, surge o tema dos deveres. Não exploramos, no levantamento quantitativo, questões diretas sobre deveres, mas foi marcante na fala dos moradores a visão de que muitos problemas enfrentados na comunidade decorrem da ausência da noção de deveres por parte dos moradores, especialmente quando se trata do lixo e da convivência muito próxima, e algumas vezes desrespeitosa, com os vizinhos.

Hoje é difícil isso. É um número de pessoas compreendendo que desde o momento que você tem direitos, você também tem deveres. [...] dentro da comunidade, tem uns que não têm essa noção ainda. Tem uma certa ignorância em relação a isso. Como cidadão nós temos que ter obrigações, é o seguinte, eu, por exemplo, eu pego o meu lixo e levo lá na lixeira, por mais que seja longe... Mas será que o vizinho leva? Eu já vi vários casos de jogarem pela janela [homem, morador, Cantagalo].

Percepção e vivência de conflitos cotidianos

Uma das estratégias adotadas na pesquisa foi a de estimular situações cotidianas de desrespeito aos direitos por meio das quais os moradores pudessem identificar sua ocorrência, ou não, nas favelas em que residem. Visto que esperávamos, a partir da pesquisa de Pandolfi e colaboradores,[18] que o conhecimento dos direitos formais fosse baixo, e que houvesse dificuldade em apontar tal desrespeito por conta do conhecimento precário de direitos por parte dos moradores, optamos por ilustrar situações cotidianas e explorar junto aos entrevistados a percepção quanto aos direitos e a recorrência desses eventos nessas localidades.[19]

A primeira situação abordada tratava do direito de ir e vir, e foi assim apresentada aos moradores: "Vou contar para você a história do João e gostaria de saber sua opinião. O João mora no Méier. E ele tem muitos amigos na Maré. Ele sempre visita esses amigos, mas não pode circular por toda a comunidade. Tem algumas áreas em que ele não pode ir a não ser que tenha permissão".

A primeira pergunta que se seguia a essa história era a opinião do morador sobre se tal situação feria, ou não, algum direito de João. A grande maioria dos entrevistados, em ambas as comunidades, reconheceu que tal situação feria o direito de ir e vir. No Cantagalo, 90% dos entrevistados disseram que, sim, feria o direito de ir e vir, ou a liberdade do João, e 10% afirmaram que não feria direito algum, ou não souberam responder. Já no Vidigal, 93% afirmaram ferir o direito de liberdade, ou a liberdade de ir e vir, e 7% não souberam responder ou afirmaram não ferir direito algum.

A percepção da frequência com que ocorre esse tipo de problema nas duas comunidades é igual: para 20% dos moradores isso ocorre com alguma frequência (9% afirmaram que ocorre muitas vezes e 12% a 13% que ocorre algumas vezes).

---

[18] Pandolfi et al., *Cidadania, justiça e violência*, 1999.
[19] É importante ressaltar que, para evitar efeito de ordem e a influência das questões na resposta dos entrevistados, as perguntas explorando situações de desrespeito de direitos foram feitas após a questão espontânea sobre quais direitos os entrevistados conheciam.

Gráfico 5 | O quanto o morador acredita que a mesma situação descrita por João acontece em sua comunidade (%)

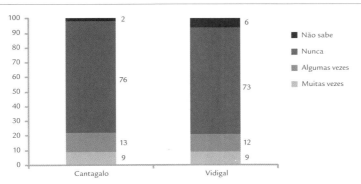

Base: 397 entrevistas no Cantagalo e 405 entrevistas no Vidigal.

A segunda situação que exploramos era relativa à prisão arbitrária. Para tal, nos baseamos na pesquisa de Pandolfi e colaboradores,[20] que constatou que percentual significativo dos moradores da região metropolitana do Rio de Janeiro desconhecia a existência de garantias legais, quando mais de 40% afirmaram que no Brasil uma pessoa pode ser presa por mera suspeita. Relatamos aos moradores a seguinte situação: "Paulo é morador da Rocinha. Ele trabalha como motorista de ônibus. Na semana passada, quando voltava do trabalho o Paulo foi preso ao passar numa rua onde estava tendo uma batida policial. Os policiais prenderam o Paulo por suspeita de envolvimento dele com o tráfico. Nesta situação, você acha que a lei permite ou não que Paulo seja preso por suspeita?". A maioria dos entrevistados disse que Paulo não poderia ser preso por mera suspeita (86% dos moradores do Cantagalo e 82% dos moradores do Vidigal).

Em termos de incidência de prisões arbitrárias nas favelas, notamos que no Cantagalo há o relato de que isso acontece com grande frequência (46% afirmam que isso ocorre muitas vezes e 31% que isso ocorre algumas vezes). Essa maior incidência se deve à presença ostensiva da polícia e aos procedimentos iniciais de ocupação da comunidade para a instalação da UPP. Isso porque a convivência maior com a polícia gera maior oportunidade para esse tipo de

---

[20] Pandolfi et al., *Cidadania, justiça e violência*, 1999.

conflito. No Vidigal, apesar da incidência ser menor, é também bastante expressiva e preocupante a percepção dos moradores de que a prisão arbitrária ocorre na comunidade com alguma frequência: 21% dos entrevistados declararam que isso ocorre na comunidade muitas vezes e 28% algumas vezes.

Gráfico 6 | O quanto o morador acredita que a mesma situação de Paulo acontece em sua comunidade (%)

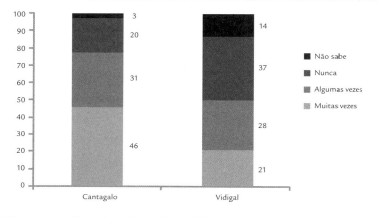

Base: 397 entrevistas no Cantagalo e 405 entrevistas no Vidigal

Notamos, por meio do relato dos moradores, que a maioria deles sabe que essa situação não pode ocorrer, mas desconhece o que fazer para se defender quando ocorre esse tipo de arbítrio. Os moradores não confiam na polícia (especialmente no Vidigal) e temem ou não sabem como acionar a Justiça formal (Judiciário, Ministério Público e Defensoria), seja por falta de informação, seja por receio de represálias do tráfico, no caso do Vidigal. No caso do Cantagalo há uma preocupação de que a UPP acabe após 2016 (olimpíadas) e o tráfico volte a dominar o morro, e, com isso, os moradores que denunciaram, ou se envolveram com a polícia ou com a Justiça, poderiam ser retaliados de alguma forma. Essa desconfiança compartilhada por muitos moradores não é sem fundamento, vem de experiência anterior que tiveram com o policiamento comunitário (GPAE), assunto que será tratado no quinto capítulo deste livro.

Por fim, abordamos a percepção dos moradores quanto ao direito de propriedade. A situação foi apresentada da seguinte maneira: "Ana mora na Rocinha com o marido e um filho de 12 anos. Eles têm uma casa construída num terreno grande. No fim do ano passado, a Ana viajou para o Recife com a família. Ficaram lá dois meses. A vizinha da Ana é a Rosa, que mora com cinco filhos em um único cômodo. Enquanto a Ana estava fora, a Rosa construiu outro cômodo, para ter mais espaço para seus cinco filhos, e acabou ocupando um pedaço do terreno da Ana. E quando a Ana voltou, foi tirar satisfação com a Rosa. Nessa situação é possível ou não saber quem tem razão?".

A grande maioria afirma que sim (90% dos moradores em ambas as favelas), reconhecendo que Ana tem razão (95% dos moradores do Cantagalo e 96% dos moradores do Vidigal). O principal argumento é o direito de propriedade: "Ana é a verdadeira dona/proprietária do terreno" e "Rosa deveria ter pedido autorização/permissão, pois o terreno não era dela", foram as justificativas mais comuns apresentadas para dar razão à Ana. Os moradores relatam que esse tipo de conflito não é incomum nessas favelas, 48% dos moradores do Cantagalo e 43% do Vidigal declararam que isso ocorre em suas comunidades.

Gráfico 7 | Percepção dos moradores em relação à disputa de Rosa e Ana (%)

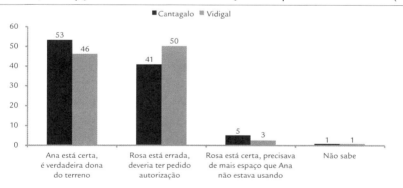

Base: 397 entrevistas no Cantagalo e 405 entrevistas no Vidigal.

Gráfico 8 | O quanto o morador acredita que a mesma situação descrita por Rosa e Ana acontece em sua comunidade (%)

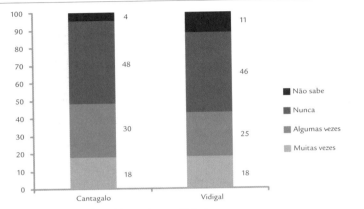

Base: 397 entrevistas no Cantagalo e 405 entrevistas no Vidigal.

Quando exploramos junto aos moradores entrevistados a melhor forma de resolução desse tipo de conflito, grande parte apontou a associação de moradores como o ator que goza de legitimidade para solucionar conflitos entre vizinhos decorrentes de questões de posse e propriedade da moradia.

Já na década de 1970, Boaventura de Sousa Santos[21] chamava atenção para esse papel das associações de moradores nas favelas, indicando que elas se constituíram gradualmente como espaços de legalidade alternativos, quando eram buscadas pelos moradores como fóruns para prevenção e resolução de conflitos. Santos[22] indica duas funções das associações de moradores nas favelas: a primeira, para a "ratificação de relações jurídicas", que se originam na grande maioria das vezes por meio de contratos (de venda ou locação) relacionados ao direito de propriedade, ou da posse e direitos reais sobre a terra e a habitação (barracos); a segunda, relacionada à resolução de conflitos e disputas oriundas dessas relações.[23]

---

[21] Santos, Boaventura de Sousa, "The law of the oppressed", 1974.
[22] SANTOS, Boaventura de Sousa. Justiça popular, dualidade de poderes e estratégia socialista. In: FARIA, José Eduardo (Org.). *Direito e Justiça*: a função social do Judiciário. São Paulo: Ática, 1989.
[23] Ibid., p. 200.

O fato de os entrevistados apontarem a associação de moradores como espaço privilegiado de resolução de conflitos relacionados com a propriedade indica que a observação de Santos sobre a centralidade das associações é válida ainda hoje, quando se trata da organização da ocupação do solo nessas áreas.

Gráfico 9 | Como o morador acredita que a situação entre Rosa e Ana deveria ser resolvida (%)

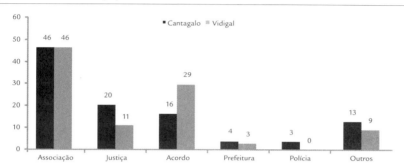

Base: 397 entrevistas no Cantagalo e 405 entrevistas no Vidigal.

No Cantagalo, as instituições da Justiça (sobretudo a Defensoria) aparecem com destaque em segundo lugar; no Vidigal, o acordo entre as partes é o segundo mais mencionado. Não podemos esquecer que no Vidigal alguns moradores ainda se referem ao "movimento" ou aos "meninos", numa alusão ao tráfico — estas menções foram classificadas em "outros", junto daqueles que disseram não saber (8% mencionam o tráfico e 1% afirma não saber). Já no Cantagalo, na categoria "outros" estão agrupadas referências às igrejas e às ONGs que atuam na favela.

Existia umas questões de vizinho, por exemplo, a gente sabe que dentro da lei urbanística que não pode virar janela para a lateral do seu vizinho, janela é na frente da casa, então os vizinhos viravam a janela lateral e o outro vizinho queria levantar muro e ia tampar a janela mas ele sabia que ele corria esse risco, então existia brigas nesse sentido assim, eles acertavam o Pouso,[24] e as vezes o Pouso liberava pra ques-

---

[24] Pouso (Posto de Orientação Urbanística e Social): "postos avançados da Prefeitura dentro das favelas beneficiadas pelo programa Favela-Bairro. O objetivo é a consolidação destes novos bairros e sua real integração à cidade. Estes locais são regularizados urbanisticamente através da elaboração de legislação de uso e ocupação do solo específica para a área e entrega de habite-se às

tão formal, mas tinha muita gente que acessava o tráfico inclusive para isso, a gente teve vezes do engenheiro não liberar, essa questão de encosta, foi que ano que caiu aquela encosta perto da sua casa, você lembra? [...] Antes o povo procurava o movimento, agora leva mais para a associação dos moradores, hoje é a associação que resolve muito mais que o movimento [homem, morador, Vidigal].

Conhecimentos dos agentes e das instituições de resolução de conflitos

Além de saber identificar e reconhecer seus direitos, é importante que os moradores conheçam também as instituições e os agentes públicos incumbidos da promoção e da garantia de tais direitos, para que esses se tornem efetivos.

Mapeamos o conhecimento das instituições e dos agentes ao perguntar aos moradores se saberiam dizer alguma instituição, ou alguém, a quem pudessem recorrer para obter informações ou ajuda quando um direito fosse desrespeitado. Metade dos entrevistados respondeu que não conhecia nenhuma instituição. A outra metade, que declarou conhecer alguma instituição, apontou aquelas relacionadas com a justiça (Juizados Especiais e Defensoria Pública, sendo muito residual a menção ao Ministério Público), com 16% dos moradores do Cantagalo e 14% do Vidigal apontando-as. A polícia aparece em segundo lugar, depois Procon, associação de moradores, ONGs e prefeitura. Há poucas menções às igrejas e à mídia — essas duas últimas apareceram mais na conversa pessoal com alguns líderes.

---

unidades habitacionais. Os moradores são estimulados a construir dentro das normas previstas, pois têm a possibilidade de ter projetos para as novas construções e acréscimos. É que no Pouso há plantão de um arquiteto ou engenheiro, que está disponível para prestar orientação nas novas obras, além de ter a atribuição da fiscalização do novo bairro". Informação extraída do site da Secretaria Municipal de Urbanismo do Rio de Janeiro. Disponível em: <www.rio.rj.gov.br/web/smu/exibeconteudo?article-id=139912>. Acesso em: 26 mar. 2012.

Gráfico 10 | Conhecimento de instituição a que se possa recorrer em caso de desrespeito a algum direito (%)

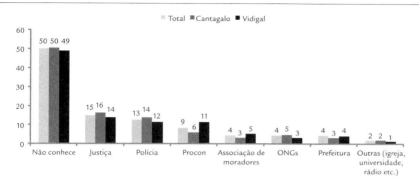

Base: 397 entrevistas no Cantagalo e 405 entrevistas no Vidigal.

Não só os moradores dessas favelas desconhecem seus direitos como cidadãos, como também desconhecem os meios e instituições formais para efetivar tais direitos.

A despeito da divulgação quanto à existência de alguns direitos ser comum nos meios de comunicação de massa, especialmente em relação aos direitos do consumidor, nessas favelas o acesso à informação não é igualmente difundido. A escolaridade é o principal fator de diferenciação.

São comuns relatos de moradores que compram um produto e não o recebem, ou o recebem com algum vício, e não sabem ao certo o que fazer nessa situação. Entendem que pagaram e que teriam o direito de receber por aquilo que pagaram, mas não sabem como proceder, nem a quem recorrer. No Cantagalo, com a instalação da UPP, essa passou a ser um canal para a busca de todo tipo de apoio e informação, inclusive sobre direitos. Um dos depoimentos, por exemplo, trata da intervenção de um policial para que um morador da comunidade pudesse efetuar a troca de um produto defeituoso que acabara de comprar em uma loja, no bairro próximo à favela.

> Eu fiquei sabendo de um senhor que comprou um videogame para o neto numa loja aqui próxima da comunidade em Ipanema e veio com o controle ruim. A UPP instruiu que ele levasse na própria sacola, reclamar que ele tinha acabado de com-

prar — não tinha nem passado um dia. Ele foi lá e não foi bem atendido, a princípio, e não houve a troca. Ele procurou a UPP novamente, e um policial o levou até a loja para procurar saber por que é que não estava havendo a troca, se havia respaldo disso no direito do consumidor. [...] Aí o funcionário viu, aquela coisa da ostensividade da polícia. [...] [O policial] foi fardado para acompanhar, para procurar saber. Aí o policial explicou para o funcionário da loja. "Não, mas poxa, está com a nota fiscal." "Não, pensando bem, realmente, está", e foi e fez a troca. Então hoje a gente costuma brincar que o policial ele tem a função de psicólogo, advogado, médico, e, por último, policial [homem, agente público, Cantagalo].

A UPP passa a ocupar aos poucos um espaço na administração de conflitos nas comunidades pacificadas, sobretudo aqueles tipos de conflitos antes mediados pelo tráfico. Também passa a desempenhar um papel antes restrito às ONGs e associação de moradores, no sentido de informar e orientar a busca pela efetivação e garantia de direitos. Essa ampliação do papel da UPP nas comunidades gera alguma preocupação. Como atenta Machado da Silva,

na ânsia de agradar à população e a seus superiores hierárquicos, os agentes têm aceitado essa tarefa, passando a intermediar contatos com outros órgãos de governo, oferecendo atividades lúdicas (o que, curiosamente, ocorre ao mesmo tempo em que atividades geradas na própria dinâmica social das localidades, como os bailes funk, são proibidas ou rigidamente reguladas) etc. Essa ampliação de fato do objetivo das UPPs altera seu sentido e representa enorme risco para seu sucesso. Seria um claro retrocesso na democratização das relações sociais no Rio de Janeiro transformar unidades policiais em atores políticos de base.[25]

---

[25] MACHADO DA SILVA, Luiz Antonio. As várias faces das UPPs. *Ciência Hoje*, Rio de Janeiro, v. 46, n. 276, p. 37, nov. 2010. Disponível em: <http://cienciahoje.uol.com.br/revista-ch/2010/276/as-varias-faces-das-upps>. Acesso em: 20 maio 2012.

Tabela 3 | Conhecimento de instituição a que se possa recorrer em caso de desrespeito a algum direito, de acordo com gênero, escolaridade, situação de trabalho, residência e conhecimento dos direitos

	Gênero		Escolaridade				Trabalho				Morador		Direitos	
	Masc.	Fem.	Até 4ª série	5ª-8ª série	Médio	Superior	Informal	Formal	Desempreg.	Não trabalha	Local	Imigrante	Não conhece	Conhece
Justiça	14%	16%	10%	16%	15%	30%	16%	16%	12%	12%	14%	17%	10%	21%
Polícia	13%	12%	12%	12%	12%	17%	13%	14%	9%	11%	13%	12%	9%	17%
Procon	7%	11%	3%	3%	14%	21%	9%	10%	9%	4%	10%	3%	5%	13%
Associação de moradores	5%	3%	5%	4%	4%	1%	4%	4%	4%	6%	5%	3%	5%	3%
ONGs	3%	5%	1%	4%	6%	1%	4%	4%	4%	4%	4%	3%	3%	6%
Prefeitura	4%	4%	3%	4%	4%	3%	4%	4%	3%	3%	4%	4%	4%	4%
Outras	1%	2%	%	1%	4%	1%	1%	3%	1%	1%	2%	1%	1%	3%
Não conhece	52%	47%	66%	56%	41%	25%	49%	44%	59%	60%	47%	57%	64%	34%
Total	409	393	151	245	310	71	282	316	78	126	611	191	421	381

O conhecimento das instituições aumenta com o aumento da escolaridade, é maior entre aqueles que souberam citar algum direito, sendo um pouco maior entre os moradores locais comparados aos imigrantes, e entre as mulheres comparadas aos homens.

O papel da escolaridade, tanto para o conhecimento quanto para o exercício dos direitos, mostra que, apesar de os moradores ressaltarem a infraestrutura como o principal problema, e apontarem a educação em segundo lugar, no rol das suas preocupações (ver cap. 2, gráfico 1, p. 52) o investimento em educação não pode ser secundário. Para uma política efetiva de promoção de direitos e cidadania, o investimento em infraestrutura não é suficiente; é preciso mais em educação.

Na fala dos moradores, dos mais antigos principalmente, é comum perceber alguma desconfiança com relação às instituições da Justiça. Essa desconfiança aparece também quando estimulamos os moradores a indicarem em quem confiam mais, em primeiro e em segundo lugar: se na lei dos juízes, na lei do tráfico, na lei de Deus ou na lei do mais forte. A grande maioria afirmou acreditar na lei de Deus. Os juízes ficaram com a confiança de pouco mais da metade dos moradores, depois vem a lei do mais forte. Quanto à lei do tráfico,

8% dos moradores do Cantagalo e 10% dos moradores do Vidigal colocaram-na em primeiro ou segundo lugar.

A gente vai acreditar em quem? Só em Deus. A gente não confia nos policiais, porque na verdade a questão não é assim a sigla, a questão são homens. Pois então, a instituição está altamente corrompida, então a gente não pode falar que é a UPP, eles mesmo assim pode chegar lá e falar, aquele rapaz daquela casa lá falou, te entregou. E depois? Eu tenho medo de eu sofrer represálias, porque na verdade eles não querem resolver o problema de ninguém, quer dizer é um problema para eles, eu não vou chegar lá e falar o cara está envolvido com isso, então a gente procura de qualquer forma amenizar [homem, morador, Cantagalo].

Gráfico 11 | Em que "lei" o morador acredita mais, primeiro e segundo lugar (%)

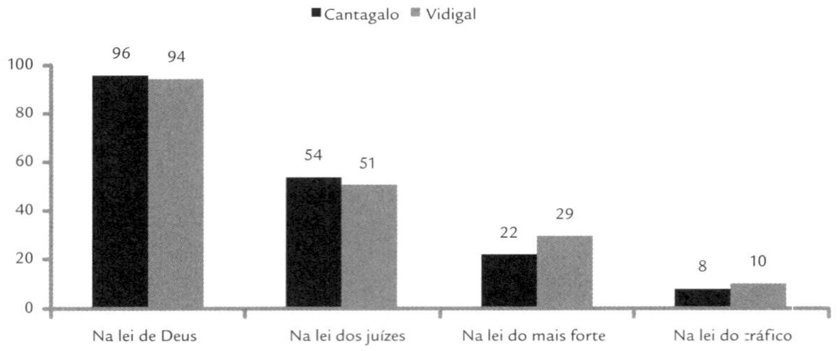

Base: 397 entrevistas no Cantagalo e 405 entrevistas no Vidigal.

De maneira geral, o que os dados expõem é o retrato de uma cidadania incompleta: os moradores conhecem pouco seus direitos e as instituições a que podem recorrer para a sua efetivação ou para a administração de conflitos. Muitas vezes, desconfiam dessas instituições. Sentem-se desamparados e abandonados pelo Estado, e quando o Estado chega até eles por meio de serviços essenciais (água, luz, saneamento, educação e saúde), sentem que estão recebendo menos ou um serviço de qualidade inferior, se comparados aos cidadãos do asfalto. Na fala dos moradores é possível perceber o questionamento quanto à cidadania que lhes é negada ou dada pela metade.

Somos moradores da Zona Sul, somos pobres, somos de comunidade, somos favelados, mas temos direitos e deveres como qualquer um, iguais [homem, morador, Cantagalo].

Todos nós queremos isso, queremos uma qualidade, ter uma calçada para o pedestre não ser atropelado, entendeu? O governo e o prefeito também têm esse compromisso, de assumir a população, independente de quem seja, seja pobre, seja negro, ou seja branco, seja alto ou baixo. Então o que acontece tem que ter a sua obrigação porque todo mundo contribui pagando imposto, porque podemos não ser regularizados em muitas coisas, mas quando compramos o pãozinho, a comida, estamos pagando imposto. E quando chega a época de eleição, coloca o terno lá, vai na comunidade, sabe? "Eu vou prometer o seguinte, se eu for eleito eu vou trazer as coisas para a comunidade", e depois desaparecem [homem, morador, Vidigal].

A questão da infraestrutura e da ausência do Estado nas favelas é fator determinante para essa sensação de abandono e desrespeito aos direitos e negação de cidadania. Mas como lembra Fernandes,[26] ter direitos é muito mais que ter acesso a serviços básicos (água, esgoto, luz etc.), incluindo nessa dimensão de direitos o pleno acesso à cidade e ao reconhecimento. Os moradores das favelas do Cantagalo e do Vidigal incorporaram em sua fala essa necessidade de reconhecimento, reivindicando o "direito a ter direitos",[27] e que sejam tratados pelas autoridades públicas da mesma forma com que são tratados os moradores do asfalto.

---

[26] FERNANDES, Fernando Lannes. Os discursos sobre as favelas e os limites ao direito à cidade. *Revista Cidades*, Presidente Prudente, v. 2, n. 3, p. 46, jan./jun. 2005.
[27] Na leitura que Celso Lafer faz do trabalho de Hannah Arendt, ele aponta que para a autora "cidadania é o direito a ter direitos, pois a igualdade em dignidade e direito dos seres humanos não é um dado. É um construído da convivência coletiva, que requer o acesso a um espaço público comum. Em resumo, é esse acesso ao espaço público — o direito de pertencer a uma comunidade política — que permite a construção de um mundo comum através do processo de asserção dos direitos humanos". LAFER, Celso. A reconstrução dos direitos humanos: a contribuição de Hannah Arendt. *Estudos Avançados*, São Paulo, v. 11, n. 30, p. 58, maio/ago. 1997.

Referências

CARDOSO DE OLIVEIRA, Roberto. Entre o justo e o solidário: os dilemas dos direitos de cidadania no Brasil e nos EUA. *Revista Brasileira de Ciências Sociais*, São Paulo, v. 11, n. 31, p. 67-81, jun. 1996.

CARVALHO, José Murilo de. Cidadania, estadania, apatia. *Jornal do Brasil*, Rio de Janeiro, p. 8, 24 jun, 2001.

_____. *Cidadania no Brasil*: o longo caminho. São Paulo: Companhia das Letras, 2007.

FARIA, José Eduardo (Org.). *Direito e Justiça*: a função social do Judiciário. São Paulo: Ática, 1989.

FERNANDES, Fernando Lannes. Os discursos sobre as favelas e os limites ao direito à cidade. *Revista Cidades*, Presidente Prudente, v. 2, n. 3, p. 37-62, jan./jun. 2005.

LAFER, Celso. A reconstrução dos direitos humanos: a contribuição de Hannah Arendt. *Estudos Avançados*, São Paulo, v. 11, n. 30, p. 55-65, maio/ago. 1997.

MACHADO DA SILVA, Luiz Antonio. As várias faces das UPPs. *Ciência Hoje*, Rio de Janeiro, v. 46, n. 276, p. 34-39, nov. 2010. Disponível em: <http://cienciahoje.uol.com.br/revista-ch/2010/276/as-varias-faces-das-upps>. Acesso em: 20 maio 2012.

MARSHALL, Thomas Humphrey. *Class, citizenship and social development*. Connecticut: Greenwood, 1976.

PANDOLFI, Dulce Chaves et al. *Cidadania, justiça e violência*. Rio de Janeiro: FGV, 1999.

SANTOS, Boaventura de Sousa. The law of the oppressed: the construction and reproduction of legality in Pasargada. *Law and Society Review*, Massachusetts, v. 12, n. 1, p. 5-126, 1974.

_____. Justiça popular, dualidade de poderes e estratégia socialista. In: FARIA, José Eduardo (Org.). *Direito e Justiça*: a função social do Judiciário. São Paulo: Ática, 1989. p. 39-65.

SANTOS, Wanderley Guilherme dos. *Cidadania e Justiça*: a política social na ordem brasileira. Rio de Janeiro: Campus, 1979.

WADA, Ricardo Morishita; OLIVEIRA, Fabiana Luci. *Direito do consumidor*: 22 anos de vigência do CDC. Rio de Janeiro: Elsevier, 2012.

CAPÍTULO 4
Vivência de conflitos e usos das instituições formais de Justiça pelos moradores das favelas

MARIA TEREZA AINA SADEK

FABIANA LUCI DE OLIVEIRA

Relatos espontâneos da vivência de conflitos

Os moradores do Cantagalo e do Vidigal desconhecem em grande medida quais são os principais direitos de cidadania assegurados à população pela Constituição, assim como desconhecem as instituições encarregadas de garantir e zelar pelo respeito aos direitos e pela solução de controvérsias, ou, quando as conhecem, tendem a desconfiar delas. O grau de conhecimento dos direitos e das instituições é baixo, mas a sensação de abandono e desamparo é elevada.

Neste cenário, nos propusemos a discutir como os moradores dessas localidades percebem o respeito aos direitos, e mapear quais os problemas mais comuns que vivenciam e os meios de resolução usualmente adotados.

Considerando os 12 meses anteriores à realização da pesquisa, 24% dos moradores declararam ter vivenciado alguma situação em que sentiram que algum direito seu foi desrespeitado — sendo 20% dos moradores do Vidigal e 29% dos moradores do Cantagalo.[1] Notamos uma importante associação entre esse relato e a escolaridade dos moradores, assim como o gênero e o conhecimento

---

[1] A Pnad 2009 mostra que 9,4% da população brasileira declararam ter passado por uma situação de conflito grave nos últimos cinco anos (ou seja, de 2004 a 2009). No Sudeste, este percentual é de 9,7%. A proporção de pessoas que declararam ter vivenciado conflito grave aumenta conforme aumentam a renda e a escolaridade.

dos direitos. Entre as pessoas de escolaridade mais alta a declaração de vivência de desrespeito aos direitos foi significativamente maior. Essa percepção também foi maior entre mulheres e entre os que conhecem melhor seus direitos (ou seja, os entrevistados que conseguiram mencionar algum direito existente).

Embora no Cantagalo a proporção de moradores que declararam ter passado por situação de desrespeito seja maior, no Vidigal a recorrência dessa percepção é mais acentuada. A maioria dos moradores do Cantagalo apontou apenas uma situação de desrespeito, enquanto a maioria no Vidigal relatou mais de uma situação, e 23% disseram ter passado por quatro ou mais situações de desrespeito a direitos no último ano.

Gráfico 1 | Moradores que declararam ter vivenciado situação de desrespeito a algum de seus direitos nos últimos 12 meses anteriores à pesquisa (%)

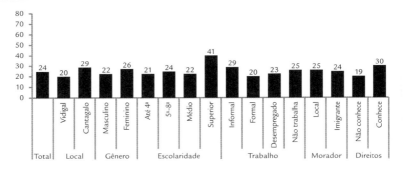

Base: 397 entrevistas no Cantagalo e 405 entrevistas no Vidigal.

Gráfico 2 | Quantidade de situações que vivenciou nos últimos 12 meses (%)

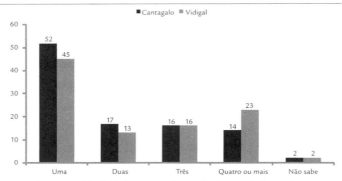

Base: 114 no Cantagalo e 92 no Vidigal (declararam ter vivenciado situação de desrespeito).

Há uma diferença no tipo da situação relatada nas duas localidades. No Cantagalo os principais problemas estão relacionados a conflitos com a polícia (agressão, revista pessoal, invasão de domicílio etc.). A presença da UPP na favela faz com que o contato com os policiais seja mais próximo e frequente. Essa proximidade gera maiores oportunidades para a ocorrência de conflitos entre policiais e moradores.

Gráfico 3 | Tipo de situação de desrespeito aos direitos vivenciada, de acordo com local (%)

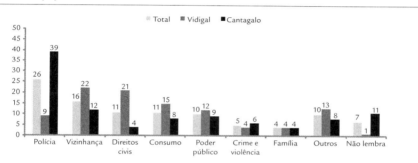

Base: 114 no Cantagalo e 92 no Vidigal (declararam ter vivenciado situação de desrespeito).

Já no Vidigal, os problemas mais citados são relativos à vizinhança (invasão de terreno, barulho etc.) e aos direitos civis (impedimento de entrar na comunidade, violações à liberdade, acuamento, discriminação etc.).

Nos casos relacionados com problemas de vizinhança, em ambas as comunidades são comuns relatos de conflitos ligados ao uso do espaço (público e privado) e às construções, reformas e vendas de casas — conflitos agravados pela ausência do título de propriedade (a grande maioria dos moradores não possui nem o termo de concessão de uso, nem a escritura pública ou matrícula do imóvel). O lixo também é um aspecto que provoca divergências entre moradores nessas favelas.

> Um senhor, um morador, disse que o prédio vizinho, os moradores que ele acreditava serem do último andar, jogavam lixo do lado da casa dele. Inclusive objetos contundentes, como pá, pedaço de ferro, então podia até provocar morte; quer dizer, cinco andares ali no vizinho, uma pá de obra caindo cinco andares, dentro da casa, podia gerar até uma morte [homem, agente público, Cantagalo].

Conflito assim de vizinho por causa de problema de terra, de casa que um está construindo encostado na outra, esses probleminhas assim, um quer fechar a janela do outro, é o mais comum aqui... [homem, movimento social, Cantagalo].

Os conflitos relacionados aos direitos do consumidor também são significativos e referentes, sobretudo, à prestação do serviço de telefonia, à troca de produtos que apresentam defeito e à cobrança indevida.

Agrupamos na categoria "poder público" os conflitos relativos às obras de urbanização conduzidas pelos entes governamentais — como embargo de obras de melhorias dos imóveis empreendidas pelos moradores, remoção de moradia etc. Na categoria "crime e violência" estão contabilizados os casos de roubo, agressão por terceiros, bala perdida etc. Em "família" consideramos brigas e disputas relativas ao pagamento de pensão alimentícia e à violência doméstica. Por fim, na categoria "outros" reunimos todas as menções abaixo de 3% de citações, como casos relativos aos direitos trabalhistas, atendimento de saúde, acesso à educação etc.

Perguntamos aos moradores como eles resolveram a situação de desrespeito aos seus direitos, ou seja, a quem recorreram ou que atitude tomaram diante da situação. A maioria — 56% dos moradores que passaram por situação de conflito — declarou que não fez nada, "deixou pra lá".[2]

As situações que os moradores mais "deixaram pra lá" foram relativas aos direitos civis e aos conflitos com a polícia. As que mais procuraram resolver foram as de vizinhança, de consumo e de família.

A postura de não tomar uma atitude revela muito da descrença nas instituições estatais, e da avaliação negativa que os moradores fazem delas,[3] além, é

---

[2] Na Pnad 2009 o percentual dos brasileiros que não buscaram solução para o conflito, ou seja, não fizeram nada, é de 7,3%. No Sudeste, o percentual é de 7%.

[3] A pesquisa ICJ Brasil aponta o nível de confiança da população em algumas instituições da Justiça: 51% dos brasileiros declararam confiar no Ministério Público, mas apenas 39% declararam confiar no Poder Judiciário, e 38%, na polícia. A pesquisa mensura também a confiança no governo: 38% declararam confiar no governo federal e apenas 21% no Congresso Nacional. Ver CUNHA, Luciana Gross et al. Índice de confiança na Justiça. *Relatório ICJ Brasil*, 4º trim. 2011, 4ª onda, ano 3. Disponível em: <http://bibliotecadigital.fgv.br/dspace/bitstream/handle/10438/9282/Relat%C3%B3rio%20ICJBrasil%204%C2%BA%20Trimestre%20-%202011.pdf?sequence=1>. Acesso em: 3 abr. 2012. Outra pesquisa que aponta o baixo nível de confiança da população na Justiça é estudo do Ipea (Sips, 2011), que indica que a nota média que o brasileiro dá para a Justiça é 4,55 (numa escala de 0 a 10). Ver Sips (Sistema de Percepção Social — Justiça). Disponível em: <www.mp.rs.gov.br/areas/principal/arquivos/ipea.pdf>.

claro, de ser um indício da dificuldade que a população encontra para reivindicar seus direitos — seja pelo desconhecimento das instituições, seja pelos obstáculos enfrentados ao procurar uma solução. É comum o receio do envolvimento com a Justiça por temor de represálias na comunidade, especialmente no caso do Vidigal, onde o tráfico ainda dominava o território quando da realização da pesquisa; a vergonha e o receio de serem discriminados ou desacreditados por sua condição de "favelados" ou, ainda, de serem confundidos com "bandidos". A falta de meios para buscar uma solução também é considerável, como a impossibilidade de se ausentar do trabalho, muitas vezes informal, dificuldades de transporte etc.

Tabela 1 | Como solucionou a situação de desrespeito aos direitos

	Tipo de situação de desrespeito aos direitos								
	Polícia	Vizinhança	Consumo	Crime ou violência	Direitos civis	Família	Poder público	Outros	Total
Nada/deixou pra lá	73	44	10	50	77	29	60	60	56
Procurou responsável pelo dar o ou desrespeito	4	25	29	20	5	-	20	15	13
Foi ao Judiciário (tribunal, juizado)	2	-	29	-	9	29	5	-	7
Foi à polícia	10	3	5	30	5	29	-	-	7
Foi à associação de moradores	-	25	5	-	-	-	5	10	7
Foi à Defensoria Pública	8	-	10	-	-	-	10	-	4
Foi ao Procon	-	-	14	-	-	-	-	-	2
Pediu ajuda a familiares/amigos	2	-	-	-	-	14	-	-	1
Mudamos de casa	-	3	-	-	-	-	-	5	1
Chamei o bombeiro	2	-	-	-	-	-	-	-	1
Procurou advogado particular	-	-	-	-	-	-	-	5	1
Na ONG	-	-	-	-	5	-	-	5	1
Base (N)	51	32	21	10	22	7	20	20	196

Entre os moradores que "não deixaram pra lá" e buscaram alguma forma de resolver o problema, a solução adotada variou de acordo com o tipo de conflito, sendo a atitude geral mais frequente a procura do responsável direto pelo dano ou desrespeito sofrido. Em seguida, a busca da intermediação da associação de moradores, do Judiciário e da polícia. O Judiciário é o mais buscado nos casos de família e de consumo, a polícia nos casos de crime e violência e também de família (sobretudo nos casos de violência doméstica), e a associação de moradores nos conflitos de vizinhança.

> Aqui na associação o que eu mais recebo de reclamação é de morador de baixo reclamando do vizinho de cima que o esgoto dele tá vazando no dele de baixo. É um morador invadindo um pedaço de terra do outro. É conflito sobre a questão do transporte, do mototáxi, da Kombi [homem, líder local, Vidigal].

> Você tem desde conflitos que envolvem bens materiais, que foi o que nós tivemos aqui ano passado. O pai faleceu, ele vivia com uma mulher que não era a gestora das filhas dele, não era a que deu luz às filhas dele, e essas filhas queriam os bens materiais e não queriam envolver a atual esposa do falecido. Isso gerou conflito, acabou gerando problema entre as duas irmãs, inclusive. E aí, depois de uma conversa, de aplicar um pouco das técnicas aprendidas no curso, nós conseguimos que entre elas resolvessem a divisão dos bens: porque a gente valoriza não só o acerto do problema, mas que as pessoas saiam satisfeitas. Não vale a pena que uma pessoa [declare] "ah, então está bom". A pessoa tem que sair satisfeita pela resolução. E a gente deixa bem claro que a gente não tem a função direta de resolver. Na verdade, a gente só está ouvindo e dando a nossa opinião; de repente, uma visão de fora facilita bastante a resolução do problema. Nós tivemos um ainda hoje [homem, líder local, Cantagalo].

As disputas entre vizinhos tendem a ser solucionadas localmente. A associação de moradores parece ser a primeira instituição para o morador reclamar e buscar uma solução. Salvo nos casos não solucionáveis na própria comunidade — como aqueles considerados casos mais graves (sobretudo criminais), ou quando há questões como pensão ou divórcio —, poucas demandas são levadas à Justiça formal.

> A associação é um órgão simplesmente de reivindicação, nós fazemos a reivindicação, ela tenta fazer o papel de conciliação por ser uma comunidade pequena e por-

que todo mundo conhece todo mundo. Então com a diretoria, com psicólogos, com a parte social nossa nós tentamos conciliar esses conflitos. Nós somos conciliadores do conflito. Todas as reclamações que são voltadas para o morador nós tentamos solucionar aqui na associação, porque nós convocamos as duas partes e fazemos como o defensor público. Porque, qual é o papel da associação? Tentar conciliar as duas partes. Não havendo uma conciliação nós aconselhamos a procurar o poder público [homem, agente público, Vidigal].

É importante ressaltar que as associações de moradores desempenham papel central na organização da comunidade,[4] tanto na solução de conflitos quanto na prestação de serviços e na organização da participação comunitária. Fornecem atestados de residência; organizam serviços públicos de coleta de lixo (como os antigos garis comunitários), de fornecimento de água (como os manobreiros, no Cantagalo) e de entrega de correspondências, por meio do correio comunitário. As associações também auxiliam os moradores para retirada de documentos como CPF, RG ou PIS e oferecem pequenos serviços como fotocópias e impressões.

Alguém que precisa tirar um documento, ter um comprovante de residência. Aí vai à associação, bate lá. Aí, se é morador que paga a taxa, a gente cobra R$ 5,00 de manutenção para a associação, vai levar, se o morador não paga a taxa, vai pagar R$ 2,00 por esse documento, esse documento que vai ser batido... Que é para pagar um cartucho no computador, uma xerox, lá, um cartucho da xerox... Tudo é para isso.

---

[4] Existe uma tradição de pesquisa nas ciências sociais que tem como objeto de estudo as associações de moradores, indicando o forte papel por elas exercido como catalisadoras de participação e organização comunitárias. Ver principalmente ZALUAR, Alba; ALVITO, Marcos. *Um século de favela*. Rio de Janeiro: FGV, 1998; VALLADARES, Licia do Prado. *A invenção da favela*: do mito de origem à favela.com. Rio de Janeiro: FGV, 2005. É importante também mencionar no estudo do papel das associações de moradores de favela a questão do seu relacionamento com o tráfico de drogas. Silva e Rocha, por exemplo, relatam situações de constrangimentos e submissões impostas pelo tráfico à atuação dos dirigentes das associações e tratam das estratégias adotadas por eles para conviver com essa intervenção. Esses autores levantam ainda a discussão da cooptação dos líderes comunitários pelas burocracias dos governos estadual e municipal (p. 42) e destacam a ampliação do papel das associações e seus líderes como gestores de projetos sociais e serviços públicos nas comunidades. SILVA, Itamar; ROCHA, Lia de Mattos. Associação de moradores de favelas e seus dirigentes: o discurso e a ação como reversos do medo. In: JUSTIÇA GLOBAL (Org.). *Segurança, tráfico e milícias no Rio de Janeiro*. Rio de Janeiro: Fundação Heinrich Böll, 2008. p. 42. Sobre a questão do relacionamento dos dirigentes de associações com o poder público, ver ainda PANDOLFI, Dulce; GRYNSPAN, Mário. Poder público e favelas: uma relação delicada. In: OLIVEIRA, Lúcia Lippi (Org.). *Cidade*: histórias e desafios. Rio de Janeiro: FGV, 2002.

A manutenção disso. Esses cinco reais. E pagar os funcionários que tem lá, que são dois funcionários, que é uma secretária e um cara para separar negócio de carta lá dentro [carteiro comunitário]. Para separar as cartas, que chegam tudo de fora [homem, líder local, Cantagalo].

Aqueles que precisam abrir uma conta no banco eles vêm na associação e nós fazemos um documento comprovando que ele é morador da comunidade. Como é feito isso? Ele vem aqui solicitar um comprovante de residência, certo? Ele não tem nada que comprove então nós nos baseamos, com os pais, se ele mora com os pais, vamos ao local, comprovamos se os pais moram lá e se ele mora lá também. Então tiramos um documento comprovando que ele mora em tal local, em tal residência, fazemos esse documento. Ele vai a um cartório e registra. Reconhece firma. Esse serviço aqui na associação custa R$ 3,00. [...] Já o correio nós fazemos em duas etapas. Antigamente o correio entregava em todas as casas, o correio oficial, devido às guerras entre as comunidades o carteiro por não ser morador do local, para não se expor a risco, foi criado em várias comunidades o correio comunitário. O correio entrega a estes órgãos, esses órgãos que são dos moradores da comunidade vão entregar nas comunidades [homem, líder local, Vidigal].

Apesar de não falarem muito abertamente sobre o papel do tráfico de drogas na solução de conflitos no Vidigal, os moradores muitas vezes mencionam esse recurso referindo-se aos "meninos", ao "movimento" e algumas vezes aos "amigos". Nas entrevistas qualitativas, os moradores fizeram referência a esse papel desempenhado pelo tráfico, apesar do evidente receio de dar muitos detalhes, mas todos os entrevistados afirmaram que, naquele momento, ainda era comum recorrer ao tráfico, especialmente nos conflitos de vizinhança. Já no Cantagalo falam mais abertamente do passado, em que o tráfico resolvia as disputas entre os moradores.

Eles não recorrem ao direito, eles recorrem à lei do lugar. [*E o que é a lei do lugar?*] A lei do lugar, que é a associação de moradores, ou o movimento, recorre aos meninos, não é? Para resolver certas situações que são as regras, não é? [mulher, movimento social, Vidigal].

Já soube de vários problemas. Antigamente, por exemplo, um morador que cismava em colocar o som da casa dele muito alto. Então, o que os vizinhos tiveram que fazer? Falar com o chefe lá da boca pra mandar ele baixar o som. Ele não abaixou o som, e dois dias depois ele apareceu todo quebrado. Não ligou mais o som. A vizinha que estava fazendo fofoca da outra vizinha, também. Foram reclamar e o traficante deixou a vizinha completamente sem cabelo. Esse é um acordo que eles faziam muito [mulher, agente público, Cantagalo].

No Cantagalo a UPP passou a exercer forte papel na mediação dos conflitos locais, não apenas por não haver equipamento de Justiça formal presente na favela, mas também por ter substituído o tráfico como "poder armado" já que, antes da UPP no Cantagalo, a mediação dos conflitos era exercida ora pelos traficantes de drogas, ora pelos representantes da associação de moradores. Isso foi exemplificado em conversas informais com moradores; para alguns houve a substituição de um poder armado ilegal por um poder armado legal, e, em decorrência disso, a transferência das funções exercidas por esses poderes.

Eu acho que eles veem a Justiça na UPP. Nos policiais. Tanto é que eles buscam a UPP quando há algum problema para tentar solucionar. Então, eu acho que a esperança deles, o buscar Justiça, está mesmo na Polícia Militar. Hoje, eles acreditam na Polícia Militar [mulher, agente público, Cantagalo].

Bom, antigamente não se procurava esse direito de Justiça, eles resolviam assim, levavam ao tráfico que decretava quem que estava com a razão. Era aquilo mesmo e pronto, poderia estar errado mais ele era o júri, mas ele dizia tem que ser assim e pronto, entendeu? É isso que estou falando, eles acostumaram com aquilo. Então agora, eles estão indo, mas os problemas maiores que eu vejo aí, é eu acho que é negócio assim de família mesmo, não é? Conflito assim de vizinho por causa de problema de terra, de casa que um está construindo encostado na outra, esses probleminhas assim, um quer fechar a janela do outro, o outro quer... [...] problema mesmo de casa, de família, ou qualquer coisa maior, chega lá e eles tentam resolver lá, porque eles têm também um mediador, têm uns policiais que são mediadores de conflito, se não resolver ali, não conseguir resolver são enviados para a delegacia [homem, líder local, Cantagalo].

A própria abordagem policial, o primeiro contato da polícia, já é uma forma de se resolver o problema. Então, não sei, de repente a ostensividade [da polícia] no local possa ajudar, só pela presença, a coibir esse delito. A gente espera, aí, que não aconteça mais [homem, agente público, Cantagalo].

Isso aí que é um problema sério. Antigamente... Era o tráfico que estava. Aí o tráfico também se metia no meio [dos conflitos], também, aí dava razão para quem tinha algum envolvimento... Hoje, o que acontece? A associação não consegue segurar, aí manda para a UPP. A UPP que resolve, agora [homem, movimento social, Cantagalo].

Eles mesmos [moradores] falaram: "Se não existisse policial, a gente ia procurar um traficante, e ele ia dar um jeito". A UPP explica que esse tempo já acabou, que eles têm que procurar a UPP. Se não estiver nas mãos dela [resolver], vai indicar de quem é a obrigação de ajudar. Que não existe mais isso de traficante, que não existe mais esse poder paralelo. E realmente não existe, que você só tem o poder se você tem o indivíduo armado. Quando ele não está armado, ele não tem o poder. Hoje, o poder está na mão do Estado, como deveria estar antes. E antes acredito que eles iam procurar o traficante [homem, agente público, Cantagalo].

Os conflitos que não podem ser resolvidos pela associação de moradores (no Cantagalo e no Vidigal) ou pela mediação da UPP (no Cantagalo) são encaminhados para a Defensoria Pública.[5] É importante destacar também o papel que muitas ONGs exercem nessas comunidades.

A gente encaminha lá para Leblon, a Defensoria Pública lá no Leblon, aqui não tem [homem, líder local, Cantagalo].

---

[5] É importante salientar que a Defensoria Pública manteve durante algum tempo um posto de atendimento na favela do Cantagalo e que atuou nas duas localidades via Balcão de Direitos no Cantagalo e Núcleo de Terras e Habitação (Nuth), no Vidigal.

Mas, como a senhora mesma perguntou, se a UPP não consegue, as pessoas ficam relutantes, não querem, estão irredutíveis, então a UPP encaminha as partes para a Defensoria Pública. A UPP tem um contato e algumas vezes faz um documento atestando a postura de cada envolvido. E isso ajuda a sua coirmã aí a resolver o problema... Teve até um caso, que foi matéria de jornal, do *Extra*, que foi resolvido assim. A UPP conversou, uma das partes estava irredutível, foi encaminhado o prejudicado à Defensoria Pública. Ele chegou, ele levou um documento feito pela UPP falando da participação indireta dela, que tentaram conversar, escutar o problema, e a parte que estava prejudicando estava irredutível; eles entenderam isso, e observaram, levaram o relatório da UPP ao pé da letra e deram parecer favorável a essa pessoa, ao que estava sendo prejudicado, e ele ficou superfeliz. Isso foi matéria de capa de jornal, *Extra*, não lembro, *O Dia*. E acabou ajudando a UPP, que as pessoas começaram a "credibilizar" mais o trabalho [homem, agente público, Cantagalo].

Normalmente aqueles mais instruídos vão direto nas ONGs. E tem essas faculdades também que nos ajudam. Aqui a gente manda para o Ministério Público porque tem uma defensoria lá no Leblon. A gente encaminha para lá e tem aqui também um órgão que chama CCDC, que é um órgão do governo que tira documentos, nós encaminhamos para lá, eles também encaminham para a justiça [homem, líder local, Cantagalo].[6]

Em termos da eficiência da medida adotada na solução do conflito, vemos que tanto o Judiciário quanto a polícia foram considerados eficazes pelos moradores em mais da metade dos casos.

---

[6] Convém ressaltar que preservamos todas as falas dos entrevistados. É comum haver confusão entre as instituições do sistema de Justiça, tal como aparece nesta fala, entre Ministério Público e Defensoria Pública. Vale ressaltar que nesse caso o entrevistado refere-se a um prédio do Estado em que funcionam vários serviços de Justiça. No local funciona um núcleo de atendimento da Defensoria Pública. Além disso, há o 4º Juizado Especial Criminal, onde atendem defensores e promotores (somente casos relacionados ao Juizado Especial Cível e Criminal — Jeccrim), não havendo atendimento do Ministério Público propriamente. Nesse mesmo edifício funcionam ainda a 14ª Delegacia de Polícia do Leblon e a Delegacia de Atenção ao Turista (Deat).

Tabela 2 | Eficácia dos meios buscados para solução do conflito

Problema foi resolvido	Solução desrespeito							
	Foi ao Procon	Foi ao Judiciário (tribunal, juizado)	Pediu ajuda a familiares/ amigos	Foi à polícia	Foi à associação de moradores	Procurou responsável	Nada/ deixou pra lá	Total
Sim	33	54	100	64	29	38	25	33
Não	33	-	-	21	43	50	70	54
Ainda aguardando	33	46	-	14	21	12	5	12
Não respondeu	-	-	-	-	7	-	1	2
Base (N)	**3**	**13**	**2**	**14**	**14**	**26**	**110**	**196**

Aos entrevistados que enfrentaram conflitos e não buscaram as instituições da Justiça, perguntamos o motivo de não tê-lo feito. A principal razão apontada foi a de terem solucionado o problema de outra forma, não sendo preciso recorrer à Justiça. Em segundo lugar, vem a desconfiança quanto à eficácia da Justiça, afirmando que "não compensa" ou que é demorado, caro, ineficaz ("não resolve").

O descrédito do morador da favela com relação às instituições de Justiça não é maior do que o descrédito da população em geral. A pesquisa ICJ Brasil[7] revela que a principal justificativa dada pelos brasileiros para não levarem seus conflitos à esfera judicial está relacionada aos aspectos de administração da Justiça, quando 58% dos entrevistados afirmaram que não buscaram o Judiciário por ser caro, lento, ou porque não confiam na Justiça.

Tabela 3 | Motivo de não ter procurado o Judiciário, de acordo com local, gênero, escolaridade, situação de trabalho e moradia e conhecimento de direitos

		Local		Gênero		Escolaridade				Situação trabalho				Morador		Direitos	
	Total	Vidigal	Cant.	Masc.	Fem.	Até 4ª	5ª - 8ª	Médio	Superior	Informal	Formal	Desemp.	Não trabalha	Loca.	Imig.	Não conhece	Conhece
Solucionou o problema de outra forma	28	25	31	29	28	20	24	38	29	22	33	22	41	39	13	29	26
Demorado/caro/ não resolve/ não compensa	27	21	31	26	27	20	33	29	21	26	27	31	21	28	28	27	26

▼

---

[7] Cunha et al., "Índice de confiança na Justiça", 2011.

	Local		Género		Escolaridade				Situação trabalho				Morador		Direitos	
	Total	Vidigal	Cant.	Masc.	Fem.	Até 4ª	5ª-8ª	Médio	Superior	Informal	Formal	Desemp.	Não trabalha	Local	Imig.	Não conhece	Conhece
Medo	15	24	9	12	18	23	18	8	18	15	16	19	15	6	13	15	15
Não sabe como utilizar a Justiça	9	10	10	12	7	6	8	9	11	14	6	12	2	17	15	8	15
Por falta de tempo	2	4	1	4	1	-	7	-	-	3	2	4	2	-	-	2	2
Não gosto de me envolver com a Justiça	2	1	2	1	2	-	-	2	4	3	1	-	3	-	3	1	2
Vergonha	1	-	2	-	2	-	-	3	-	3	-	1	2	-	-	1	-
A discriminação é comum	1	1	1	-	2	-	2	2	-	-	2	1	2	-	-	1	-
Estamos conversando	1	-	2	1	1	-	4	-	-	3	-	1	2	-	-	1	-
Não tinha provas	1	1	-	-	1	-	-	-	4	-	1	-	-	6	-	1	-
Iria prejudicar meus familiares	1	-	1	1	-	-	2	-	-	-	1	-	2	-	-	1	-
Advogado informou que não dá mais	1	1	-	1	-	-	-	-	4	-	1	-	2	-	-	-	2
Não sabe	11	11	12	13	10	30	4	10	11	13	10	8	8	6	28	11	12
Base (N)	183	75	108	84	99	30	55	63	28	77	106	72	61	18	32	141	42

O desconhecimento sobre como utilizar o Judiciário, assim como o medo de buscá-lo, são também justificativas recorrentes, e preocupantes. O medo é muito maior no Vidigal, que naquele momento ainda vivia sob o domínio do tráfico.

> É porque as pessoas não têm acesso... têm medo do acesso à Justiça. As pessoas têm medo do tráfico, as pessoas acham que o tráfico vai saber... As pessoas [acham que se] acionarem a Justiça, alguém do tráfico vai saber. Acha que está acionando mesmo a questão da polícia [mulher, moradora, Vidigal].

Relatos estimulados da vivência de conflitos

Uma vez que partimos do pressuposto de que muitas vezes as pessoas não percebem que tiveram um direito desrespeitado por desconhecerem seus direitos, criamos situações hipotéticas e indagamos aos moradores se vivenciaram situações desse tipo nos últimos dois anos. As questões tratavam de problemas relacionados a criminalidade e violência; vizinhança; consumo; trabalho; saúde e comprovação de endereço.

Tabela 4 | Percentual de entrevistados que vivenciaram situação de conflito, por localidade

	Cantagalo	Vidigal
Teve problemas com um vizinho por causa de lixo	29	16
Recebeu cobrança indevida de luz	28	5
Uma obra na casa do vizinho prejudicou de alguma forma sua moradia	20	18
Precisou de tratamento médico (remédio, exames) e não conseguiu gratuitamente	19	17
Teve problema com vizinho por causa de barulho excessivo	19	18
Foi roubado	15	8
Comprou um produto com defeito e a empresa não quis trocar	15	8
Comprou um produto e a loja se recusou a entregar no local em que mora	15	11
Teve dificuldade de comprovar seu endereço de residência	14	11
Foi agredido pela polícia	13	2
Foi agredido por alguém (que não a polícia)	11	4
Perdeu o emprego e não recebeu o que lhe era devido e não conseguiu acordo com o empregador	8	7
Base (N)	**397**	**405**

Os moradores do Cantagalo foram os que mais relataram ter vivenciado situações de desrespeito. Para eles, os problemas maiores são relativos ao lixo e à cobrança indevida de luz. Com a vinda da UPP, a Light regularizou o fornecimento de energia elétrica e todas as residências foram cadastradas e legalizadas. Há aplicação de tarifas sociais, mas os moradores reclamam que os valores são muito altos. É um processo de aprendizado de consumo consciente e adaptação às novas regras e à formalização do consumo. É comum na própria fala dos moradores o reconhecimento de que ainda há um problema de conscientização nesse processo de regularização.

Hoje com a UPP no caso da Light a gente tem resultado porque eu acho que a gente tem muito aqui no morro é gente boa, acho que 80% de bonança, porque antes da

Light vir ninguém pagava luz, e não faltava luz, e era aquele negócio excesso de tudo. Ar-condicionado, banheira hidráulica. Tudo que imagina. Tudo que você pode ter dentro de um prédio, de um apartamento tem muito com *freezer*, então como era cortesia geralmente queimava um ramal seja no inverno ou no verão, porque geralmente aumenta, a Light vinha e fazia o conserto independente do local, e ninguém pagava luz, agora está vindo a Light formal... Agora o que acontece, está pagando mais, porque em 20 anos usava muito e ninguém pagava. Agora tem gente que fala eu não vou pagar luz, porque está muito excessivo o custo, mas tem dois ar-condicionado no quarto. Gosta de gastar [homem, morador, Cantagalo].

Como no Vidigal, no momento da pesquisa, ainda havia muito consumo irregular de energia (o famigerado "gato"), os problemas de cobrança indevida de luz são pouco apontados.

Essa maior proporção de reclamações contra a Light no caso do Cantagalo é esperada dentro do que pesquisadores têm apontado como "conflitos gerados pela regularização urbanística e pela substituição gradativa de práticas informais de acesso a serviços", que se dá nas favelas pacificadas.[8] É, portanto, esperado que o processo de internalização de novas regras gere conflitos desse tipo.

No Vidigal os maiores problemas relatados tratam de relações de vizinhança, como a realização de obras, barulho excessivo e o lixo.

A dificuldade para conseguir atendimento médico gratuito também foi relatada por um percentual significativo de moradores — 19% no Cantagalo e 17% no Vidigal já disseram ter precisado de uma consulta, da realização de exames ou de medicamentos e não conseguiram via atendimento público de saúde.

Em relação aos direitos do consumidor, no Cantagalo 15% dos entrevistados declararam que tiveram dificuldade para trocar um produto defeituoso e outros 15% tiveram problemas com a entrega de um bem, quando a empresa recusa-se a entregar na comunidade. No Vidigal, 8% enfrentaram problemas para a troca de produto com defeito e 11% recusa na entrega.

---

[8] Cunha et al., "Índice de confiança na Justiça", 2011, p. 372.

Quanto à violência, 13% dos moradores do Cantagalo disseram terem sido agredidos pela polícia nos últimos 24 meses, contra apenas 2% dos moradores do Vidigal. Problemas de agressão por terceiros foram relatadas por 11% dos moradores do Cantagalo e por 4% dos moradores do Vidigal. Por fim, 8% dos moradores do Cantagalo e 7% dos moradores do Vidigal disseram ter enfrentado dificuldades para receber de ex-empregadores a indenização devida em caso de demissão. Não podemos esquecer, conforme apresentado no capítulo 1 do livro, que apenas 34% dos moradores no Cantagalo e 42% dos moradores do Vidigal têm emprego formal, e, considerando exclusivamente a população que exerce algum trabalho, o percentual de trabalhadores formais é de 47% no Cantagalo e 55% no Vidigal, sendo de 71,8% (de acordo com dados da pesquisa Pnad 2009 do IBGE) a proporção de trabalhadores formais no país.

Uma vez constatado o percentual de moradores que enfrentaram algum desses problemas, exploramos os canais de resolução utilizados, identificando como os moradores procuraram solucionar seus conflitos. Notamos uma diferença quando se trata de assuntos ligados à violência e à criminalidade: é maior a procura por soluções no Cantagalo do que no Vidigal (38% no primeiro caso, contra 24% no segundo). Essa diferença deve-se, em grande parte, à presença da UPP na comunidade, uma vez que os moradores voltam a sentir-se seguros, passam a poder acionar tanto a polícia quanto outras vias formais de resolução de conflitos sem o receio de sofrer represálias ou medo de serem vistos como delatores. Assim, a polícia é o principal recurso que buscam no caso de problemas relacionados à violência e à criminalidade.

Tabela 5.1 | O que fez ou a quem recorreu para solucionar problema vivido no caso de situações de violência e criminalidade

	Roubado		Agredido (polícia)		Agredido (alguém)	
	Cant.	Vid.	Cant.	Vid.	Cant.	Vid.
Não fez nada	75	81	58	90	45	59
Polícia	18	18	28	0	28	12
Associação de moradores	2	0	4	0	7	18

▼

	Roubado		Agredido (polícia)		Agredido (alguém)	
	Cant.	Vid.	Cant.	Vid.	Cant.	Vid.
Justiça	2	0	6	0	2	0
Conversou com responsável	-	0	2	0	10	6
Outro	4	0	2	10	7	4
Base (N)	**60**	**32**	**52**	**10**	**42**	**17**

No tocante à comprovação de residência, os moradores do Cantagalo também procuram mais por uma solução do que os moradores do Vidigal, e na primeira comunidade citada a associação de moradores é a principal via. Quando a dificuldade relatada é acesso a tratamento médico gratuito, a relação se inverte — a maioria dos moradores do Cantagalo não faz nada, já a maioria dos moradores do Vidigal opta pelo atendimento em rede privada, pagando pelo exame, medicamento ou consulta. Também nos casos trabalhistas, como perda do emprego sem receber a devida indenização, há maior procura por solução por parte dos moradores do Vidigal do que do Cantagalo. Nesse caso, o Judiciário é a principal via.

Os conflitos de vizinhança obedecem à lógica da resolução local, quando os moradores dizem tratar do problema diretamente com o vizinho, ou buscam a associação de moradores. No Cantagalo aparece um pouco o recurso à polícia — nas entrevistas qualitativas ouvimos muitas vezes a afirmação de que antigamente eram os traficantes que davam solução para esses casos —, prática ainda comum no Vidigal, quando da realização da pesquisa.

Tabela 5.2 | O que fez ou a quem recorreu para solucionar problema vivido no caso de situações de comprovação de endereço, tratamento de saúde e emprego

	Dificuldade de comprovar endereço		Precisou de tratamento médico e não conseguiu		Perdeu emprego e não recebeu o que era devido	
	Cant.	Vid.	Cant.	Vid.	Cant.	Vid.
Não fez nada	35	47	55	35	61	41
Associação de moradores	34	30	1	0	0	0
Polícia	2	0	0	0	0	0

	Dificuldade de comprovar endereço		Precisou de tratamento médico e não conseguiu		Perdeu emprego e não recebeu o que era devido	
	Cant.	Vid.	Cant.	Vid.	Cant.	Vid.
Procurou a empresa/ fornecedor	12	9	-	-	-	-
Justiça	0	0	2	1	35	48
Pagou	-	-	28	58	-	-
Outro	19	13	14	4	3	12
Base (N)	55	43	75	68	31	27

Tabela 5.3 | O que fez ou a quem recorreu para solucionar problema vivido no caso de situações de conflitos de vizinhança

	Obra		Barulho		Lixo	
	Cant.	Vid.	Cant.	Vid.	Cant.	Vid.
Não fez nada	44	40	46	52	43	39
Conversou com vizinho	36	40	45	40	37	36
Associação de moradores	16	18	1	1	15	20
Polícia	0	0	7	0	2	0
Outro	3	1	1	6	4	5
Base (N)	81	72	76	73	114	64

Por fim, as situações de consumo — em que, tanto nos casos de cobrança indevida de luz quanto nos de recusa a trocar produto com defeito, os moradores do Cantagalo buscam com mais frequência garantir seus direitos, se comparados aos moradores do Vidigal. Apenas em relação à recusa da entrega de produto no domicílio do comprador é que os moradores do Vidigal procuram mais por uma resolução — nesse caso, os moradores do Cantagalo em sua maioria optam por retirar o produto na loja, ou encontram meios alternativos de entrega (como os "carregadores" locais).

Tabela 5.4 | O que fez ou a quem recorreu para solucionar problema vivido no caso de situações de consumo

	Troca produto com defeito		Cobrança indevida (luz)		Recusa entrega produto na comunidade	
	Cant.	Vid.	Cant.	Vid.	Cant.	Vid.
Não fez nada	31	45	20	38	40	22
Procurou a empresa	30	22	57	43	25	13
Procon	10	6	1	1	5	2
Justiça	12	22	5	5	0	13
Não resolveu	7	0	7	7	18	11
Polícia	3	0	0	0	0	0
Associação de moradores	0	0	9	9	2	0
Outro	3	3	8	17	10	38
Base (N)	59	31	111	21	60	45

Perguntamos aos moradores, ainda, sobre a ocorrência de conflitos familiares no domicílio. A reivindicação de pensão alimentícia foi relatada por 15% dos entrevistados no Cantagalo e 14% no Vidigal. Em seguida, aparecem situações de separação e divórcio, com 10% dos moradores do Cantagalo e 12% dos moradores do Vidigal. Violência doméstica também é citada por um percentual significativo, 7% no Cantagalo e 6% no Vidigal. A situação menos comum foi a de investigação de paternidade, com 3% no Cantagalo e 2% no Vidigal.

Tabela 6 | Percentual de entrevistados que vivenciaram situação de conflito familiar, por localidade

	Cantagalo	Vidigal
Pensão alimentícia	15	14
Divórcio	10	12
Violência doméstica	7	6
Investigação de paternidade	3	2
Base (N)	397	405

Quando se trata de solucionar problemas relativos à família (divórcio, pensão alimentícia ou investigação de paternidade), o principal recurso utilizado pelos moradores em ambas as comunidades é o Judiciário. Já nos casos de violência doméstica o principal recurso é a polícia (sobretudo a Delegacia da Mulher), mesmo entre os moradores do Vidigal.

Tabela 7 | O que fez ou a quem recorreu para solucionar problema

	Divórcio		Pensão alimentícia		Paternidade		Violência doméstica	
	Cant.	Vid.	Cant.	Vid.	Cant.	Vid.	Cant.	Vid.
Foi ao Judiciário	45	47	64	61	70	50	11	21
Resolveu amigavelmente com a outra parte	30	35	23	18	0	20	21	13
Não fez nada	13	12	10	18	20	10	29	17
Foi à polícia	5	0	-	-	-	-	32	29
Pediu ajuda a familiares/amigos	3	0	-	-	-	-	4	13
Não respondeu	5	6	3	4	10	20	4	8
Base (N)	**40**	**49**	**61**	**57**	**10**	**10**	**28**	**24**

Acesso às instituições formais de Justiça

Perguntamos aos moradores se já utilizaram o Judiciário — como parte ativa, ou seja, se alguma vez já entraram com pedido ou ação na Justiça. Cerca de 23% dos entrevistados responderam afirmativamente à questão, sendo 24% no Cantagalo e 21% no Vidigal.

Gráfico 4 | Moradores que declararam já ter utilizado o Judiciário alguma vez na vida (%)

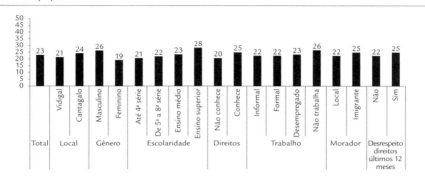

Base: 397 entrevistas no Cantagalo e 405 entrevistas no Vidigal.

De acordo com o ICJ Brasil,[9] metade dos brasileiros maiores de 18 anos já utilizou o Judiciário, pessoal ou indiretamente, isto é, quando algum membro do seu domicílio iniciou uma ação judicial. A pesquisa identificou uma correlação entre o uso do Poder Judiciário e renda e educação, isso porque, quanto maior a renda e a escolaridade, maior a utilização dos serviços judiciários: 40% da população de baixa renda já utilizou os tribunais, enquanto 53% das pessoas de maior renda o fizeram. 45% das pessoas de baixa escolaridade já utilizaram o Poder Judiciário, ao passo que 63% das pessoas com alta escolaridade o fizeram. Assim, verificamos que a utilização da Justiça para reivindicar direitos é bem menor entre os moradores dessas favelas se comparados à população em geral, ainda que consideremos apenas o percentual da população brasileira de baixa renda e baixa escolaridade.

Em sua dissertação de mestrado, Moreira[10] realizou levantamento das demandas judiciais envolvendo moradores das favelas cariocas. O levantamento foi feito a partir do acervo jurisprudencial cível do Tribunal de Justiça do Rio de Janeiro (TJRJ) cobrindo o período de 1980 a 2009, utilizando como termo de busca a palavra "favela". Considerando apenas os resultados que tratassem efetivamente das favelas cariocas, ou que representassem demandas de mora-

---

[9] Cunha et al., "Índice de confiança na Justiça", 2011, p. 23.
[10] MOREIRA, Rafaela Selem. *Democratização do Judiciário na cidade do Rio de Janeiro*: um estudo sobre o acesso individual e coletivo de moradores de favelas à Justiça, contextualizado à luz de uma história de desigualdades. Dissertação (mestrado) – PUC-Rio, Rio de Janeiro, 2011.

dores dessas favelas, a autora encontrou 150 decisões judiciais — sendo 5 no período de 1980-89, 51 no período de 1990-99 e 95 decisões entre 2000-09.

Analisando essas decisões, a autora concluiu que os litígios que discutem questões relativas à favela ou que foram iniciados por seus moradores vêm crescendo significativamente ao longo dos últimos anos — nenhuma das ações propostas no primeiro período foi iniciada por moradores, 37% das ações analisadas no segundo período foram iniciadas por moradores e 61% das ações analisadas no segundo período foram propostas por moradores das favelas.[11]

A autora consegue identificar três momentos distintos da chegada da favela ao Judiciário, assim como diferentes perfis dos requerentes. Nos primeiros anos analisados, de 1980 a 1989, as ações foram propostas por proprietários de imóveis no entorno de favelas, contra o Estado. Esses proprietários questionavam na Justiça a desvalorização de seu patrimônio, reivindicando o pagamento de indenizações ou, até mesmo, a remoção das favelas.

No segundo período, que vai de 1990 a 1999, a demanda continua sendo em face do Estado, mas a motivação principal passa a ser a violência (balas perdidas, confrontos entre traficantes e policiais etc.), havendo já ações propostas pelos próprios moradores, em busca da efetivação de seus direitos civis.

Por fim, no período compreendido entre 2000 e 2009 há um aumento na quantidade de processos e uma mudança no foco dessas demandas, pois, além dos questionamentos quanto aos direitos civis, há expressivo surgimento de questões de consumo (qualidade da prestação de serviços de telefonia, luz, gás etc.). Também surgem casos de conflitos familiares e de vizinhança.

Pesquisamos no site do TJRJ as decisões jurisprudenciais das Turmas Recursais Cíveis (órgãos revisores das decisões proferidas pelos Juizados Especiais Cíveis) e dos Recursos Cíveis do Tribunal de Justiça utilizando dois termos de busca — "Cantagalo" e "Vidigal" — no intervalo temporal de 2000 a 2010.

A busca por "Vidigal" resultou na localização de 122 acórdãos (116 decisões no TJRJ e 6 nas Turmas Recursais). Desses, excluímos 115, pois foram listados em razão de citarem o ministro do Superior Tribunal de Justiça (STJ), Edson

---

[11] Moreira, *Democratização do Judiciário na cidade do Rio de Janeiro*, 2011, p. 74-78.

Vidigal. Descartamos outros dois casos, uma ação de usucapião em Rocha Miranda, Zona Norte do Rio de Janeiro, que citava o caso do Vidigal na imprensa, mencionando notícias sobre a localidade, e outro sobre o merecimento de gratificação de bombeiro que salvou vítimas de deslizamento no Vidigal. Das cinco ações que tratavam de moradores do Vidigal, há um caso de indenização em que um morador foi atingido por uma bala perdida, em decorrência de um tiroteio entre policiais e traficantes. O segundo caso trata de relações de consumo, um morador solicitando indenização pela suspensão do fornecimento de energia elétrica. A terceira ação é referente à solicitação de gratuidade de Justiça, sendo o litigante residente na favela do Vidigal, qualificado como motorista, desempregado, maior de 65 anos e em tratamento de câncer. O quarto caso tratava do direito de propriedade, manutenção de posse perante a medida da prefeitura do município, que determinou a desocupação do imóvel em razão da proibição da atividade comercial ali exercida e da ocupação irregular de logradouro público. O último caso tratava de assunto de família, alimentos. O que chama atenção nessa decisão é o uso do argumento da violência para o convencimento do juiz, isto é, a litigante que ocupava imóvel no Vidigal, de propriedade do pai de seu filho, em razão de acordo feito pelo casal e homologado judicialmente, solicita possibilidade de alugar o referido imóvel para pagar aluguel de residência em outra localidade.

> Destarte, o notório grande crescimento de violência na região do Vidigal, onde está situado o imóvel, assim como a necessidade de mudança e aluguel de outro local destinado à residência, importam em fato novo que autoriza a revisão das cláusulas estabelecidas no acordo de alimentos homologado.[12]

Na busca por "Cantagalo", localizamos 100 julgados (91 decisões no TJRJ e 9 decisões nas Turmas Recursais). Excluímos 97 ações relacionadas à Comarca de Cantagalo (88 no TJRJ e 9 nas Turmas Recursais) e uma decisão referente a imóvel em disputa localizado na lagoa Rodrigo de Freitas, no parque do Can-

---

[12] RIO DE JANEIRO. Tribunal de Justiça. Agravo de Instrumento nº 0007909-21.2005.8.19.0000 (2005.002.25374). Julgado em 21 fev. 2006.

tagalo. Restaram duas ações envolvendo moradores da favela do Cantagalo — uma delas tratando de reintegração de posse e respectivo pagamento de indenização (imóvel demolido para obras do elevador do metrô, cujo morador alegou não ter sido indenizado) e, outra, um recurso contra decisão de primeiro grau que extinguiu processo de destituição de poder familiar, conforme previsto no art. 155 do Estatuto da Criança e do Adolescente, contra pais de quatro menores por desleixo e abandono (três filhas dos réus não frequentavam a escola — uma delas, com apenas 11 anos de idade, já estava grávida e não comparecia aos exames gestacionais. O filho, portador de necessidades especiais, não comparecia às sessões na Associação Brasileira Beneficente de Reabilitação — ABBR). A ementa do acórdão[13] indicava que o estudo social relacionado ao caso (essencial para o andamento do processo) não foi sequer feito, no ano de 2007, porque ainda não havia UPP na favela do Cantagalo, e sua não realização foi justificada nos seguintes termos: "E por se tratar de local de elevada periculosidade, se tornou arriscada a presença do servidor da Justiça". Assim, solicitava o promotor a retomada do processo e a realização de nova avaliação, por meio de novo estudo social capaz de retratar a situação familiar e apontar as medidas a serem adotadas. O argumento utilizado pelo juiz de primeiro grau, que extinguiu a ação, atesta o abandono e a concepção preconceituosa por parte de representantes do poder público. Ao se referir à "periculosidade" na favela, há a penalização do morador e a isenção do Estado de sua responsabilidade de prestar serviços a essa população.

Lembramos que essa pesquisa relaciona-se com casos da Justiça estadual ou que subiram à segunda instância por via de recurso. Ou seja, considerando que nem todos os processos chegam ao segundo grau, ao olharmos para a primeira instância e para os Juizados Especiais, casos como esse devem se multiplicar.

Esse movimento de utilização da Justiça por parte dos moradores é muito recente, e, além do direito de família e do trabalho, o motor propulsor dessa utilização é o direito do consumidor. No caso do Cantagalo, também a existência da política de pacificação é um estímulo a mais para a busca do Judiciário

---

[13] Ibid. Apelação Cível. Processo Nº 0241406-73.2004.8.19.0001. Julgado em 8 nov. 2011.

(e das instituições da Justiça, como a Defensoria Pública). A presença da UPP no Cantagalo ajuda a entender por que a utilização do Judiciário é um pouco maior nessa favela se comparada ao Vidigal, pois, apesar desta ser uma favela com um perfil de escolaridade e renda mais alto, até o momento da pesquisa ainda não havia sido pacificada.

Observamos que o uso do Judiciário passou a ser mais frequente no Cantagalo, notadamente após a instalação da UPP — o maior volume de acesso aconteceu a partir de 2009-10. Também nessa favela o uso é mais recorrente — os moradores do Cantagalo que já utilizaram o Judiciário o fizeram em média duas vezes, contra apenas uma vez no Vidigal.

> Até a instalação da UPP ali eles tinham a justiça deles, que resolvia os conflitos de vizinhança. Dificilmente eu veria aqui uma briga de vizinho. A briga de vizinho era resolvida pelo chefe da boca, e ainda agora não vem para cá, e agora é resolvida pela UPP. Não vem pra cá. O que vem pra cá? Telefonia, porque todos eles têm celular, todos eles têm celular pré-pago. Todos vêm sem advogados e fazem à mão. Às vezes é difícil de eu ler. [...] Por exemplo, eles dizem "Eu botei 10 real no meu cartão e o telefone tá mudo". Eles vêm aqui, demonstram direitinho. Na mesma hora fazem um "processinho". No dia seguinte eu já estou com a tutela para que imediatamente se restabeleça o telefone, aquela linha de celular. Outra coisa também que acontece, por exemplo: compram o armariozinho deles nas Casas Bahia, e as Casas Bahia não entregam. Eles chegam ali, fazem. Na mesma hora vem pra cá. Eu mando em cinco dias a Casa Bahia entregar sob pena de multa de 200 reais. Então eu acho que isso também faz com que eles venham, eles se sentem ouvidos. Eu acho que isso é importante, o Poder Judiciário resgata a imagem junto à população, porque eles chegam ali e são atendidos, são ouvidos. Alguns deles têm plano de saúde. São aqueles planos de saúde mais populares. Então querem fazer um exame e não podem, na mesma hora eu determino que façam. Então eu acho isso muito bacana [mulher, juíza, vara judicial próxima ao Cantagalo].

Tabela 8 | Período em que acionou o Judiciário

	Cantagalo	Vicigal
Entre 2009 e 2010	43	34
Até 2005	24	25
2011	19	18
Entre 2006 e 2008	12	23
Não respondeu	2	-
Base (N)	**140**	**125**

Tabela 9 | Quantidade de vezes que já utilizou o Judiciário

	Cantagalo	Vidigal
Uma vez	68	70
Duas vezes	22	20
Mais de duas vezes	10	10
Base (N)	**140**	**125**
MÉDIA	**2**	**1**

As motivações de quem utilizou o Judiciário nessas duas localidades não diferem muito das motivações que levam os brasileiros em geral à Justiça: trabalho, família e consumo. Dados da pesquisa Pnad[14] mostram que nos últimos cinco anos quem procurou o Judiciário o fez por questões de trabalho (23,3%), família (22,0%), crime (12,6%), serviços essenciais como água, telefone e luz (9,7%), segurança social (8,6%), banco ou questões financeiras (7,4%) e outros, tais como habitação e impostos (16,4%). Também a pesquisa ICJ Brasil[15] indica que quem já utilizou o Judiciário alguma vez na vida, o fez por motivos de consumo (37%), trabalho (31%), família (18%) e outros (14%).

No Vidigal as questões de trabalho lideram as motivações que levam os moradores ao Judiciário; já no Cantagalo as questões de família são mais expressivas que as de trabalho. Essa diferença se deve, em parte, à já mencio-

---

[14] Pesquisa Nacional por Amostra de Domicílios. 2009. Disponível em: <www.ibge.gov.br/home/estatistica/populacao/trabalhoerendimento/pnad2009/>. Acesso em: 3 abr. 2012.
[15] Cunha et al., "Índice de confiança na Justiça", 2011.

nada diferença no nível de formalização do trabalho, uma vez que os moradores do Vidigal têm mais relações de emprego formal do que os moradores do Cantagalo. Os problemas ligados às relações de consumo vêm em segundo lugar nas duas comunidades. No que se refere aos conflitos com a polícia, esses levam mais os moradores do Cantagalo à Justiça do que os moradores do Vidigal.

Tabela 10 | Motivo de ter utilizado o Judiciário

	Cantagalo	Vidigal
Trabalhista	28	35
Consumo	28	32
Família	30	24
Problemas com polícia	6	2
Outros	5	4
Não soube dizer	3	2
Base	**140**	**125**

Perguntamos aos moradores que afirmaram já terem utilizado o Judiciário a qual instituição recorreram. No Vidigal, cerca de 30% afirmaram terem ido à Justiça do Trabalho; 28% à Justiça comum; 20% ao Juizado Especial (ou de Pequenas Causas, como a maioria deles ainda se refere aos Juizados Especiais); 16% à Defensoria Pública; 4% ao Ministério Público e 2% não souberam precisar. Já no Cantagalo a Defensoria Pública foi a instituição mais citada, por 30% dos entrevistados. Em segundo lugar, aparecem os Juizados Especiais com 26%; a Justiça do Trabalho, com 24%; Justiça comum com 14%; o Ministério Público com 4% e 3% não souberam responder.

Gráfico 5 | Moradores que declararam já ter utilizado o Judiciário alguma vez na vida (%)

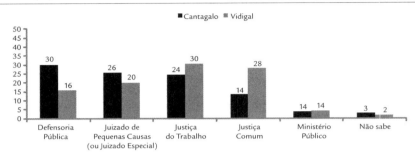

Base: 140 entrevistas no Cantagalo e 1.255 entrevistas no Vidigal.

Essa força da Defensoria Pública no Cantagalo se deve ao fato de essa ter mantido por alguns anos um posto de atendimento na comunidade, atuando pela via do programa Balcão de Direitos. Hoje não está mais presente fisicamente no morro, mas os moradores continuam a buscar o atendimento diretamente nos postos da Defensoria.

Há, no Vidigal, o atendimento de ONGs que prestam serviços jurídicos à população. Nas entrevistas com líderes locais foi mencionada a ONG Genos, que atende os moradores com problemas jurídicos em diferentes áreas, exceto a criminal. Também foi citada a atuação da Igreja Católica, muito influente na comunidade.

> Eu já acessei, já ganhei uma causa. Fui pela ONG, a Genos, que presta serviço jurídico gratuito aqui para os moradores. A não ser quando tem indenização. Por exemplo, eu acessei contra o Itaú. Então tinha um retorno financeiro, né, iam me indenizar, então ela cobra 20% em cima daquilo que ganha. Mas quando é caso de família pra pensão alimentícia, por exemplo, não cobra nada [mulher, moradora, Vidigal].

> [...] a Igreja Católica, né, ela ajuda a comunidade de uma forma geral. Porque, assim, na área de alimentação, desde pessoas de baixa renda, desempregadas, pessoas que não têm o que comer. Nesse processo jurídico também, a Igreja Católica ela tem um representante, que todo mundo conhece, que é o doutor Carlos Alberto [homem, morador, Vidigal].

No Cantagalo, a maior parte dos moradores que buscou o Judiciário foi sem advogado (40%); no Vidigal isso ocorreu em apenas 18% dos casos, com a maior parte utilizando advogado particular ou de ONGs (48%). A Defensoria tem papel importante em ambas as comunidades, tendo atendido 30% dos moradores do Cantagalo que utilizaram o Judiciário e 33% dos moradores do Vidigal.

Tabela 11 | Forma de utilização do Judiciário (sozinho ou com advogado)

	Cantagalo	Vidigal
Sozinho	40	18
Defensoria	30	33
Advogado particular/ONG	29	48
Não respondeu	1	1
Base (N)	**140**	**125**

A maioria dos moradores que utilizou o Judiciário atribuiu uma nota igual ou superior a 6 ao atendimento recebido (numa escala de 0 a 10); no Vidigal, a avaliação da experiência é ligeiramente mais positiva do que no Cantagalo.

Gráfico 6 | Nota que dá ao atendimento recebido no Judiciário (%)

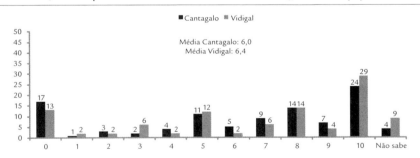

Base: 140 entrevistas no Cantagalo e 1.255 entrevistas no Vidigal.

Perguntamos também aos moradores se eles ou alguém residente em seu domicílio já foi réu em processo na Justiça, e 13% responderam afirmativamente — sendo 4% no Vidigal e 23% no Cantagalo.

Gráfico 7 | Moradores que declararam já terem sido acionados pela Justiça na posição de réu (%)

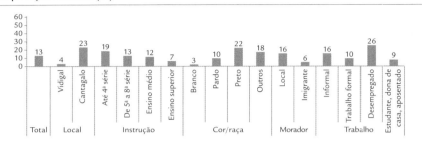

Base: 397 entrevistas no Cantagalo e 405 entrevistas no Vidigal.

Essa diferença significativa se deve à atuação da polícia no Cantagalo no processo de pacificação. O principal motivo de ser acionado como réu é criminal. Brigas e questões de família vêm em seguida. No Vidigal, questões de trânsito têm também alguma expressividade.

Gráfico 8 | Motivo de ter sido acionado pela Justiça na posição de réu (%)

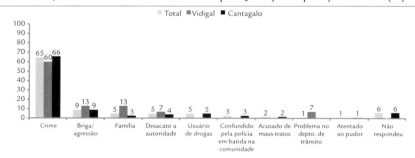

Base: 93 entrevistas no Cantagalo e 15 entrevistas no Vidigal.

Por fim, perguntamos aos moradores o quão importante seria para eles a instalação de um posto do Judiciário em sua comunidade. A grande maioria respondeu que seria muito importante no Cantagalo. Já no Vidigal, embora a maioria julgue importante, a concentração de respostas como muito importante é menor.

Tabela 12 | Avaliação dos moradores sobre importância da instalação de um posto do Judiciário em sua comunidade

	Cantagalo	Vidigal
Muito importante	75	49
Importante	17	35
Pouco importante	3	5
Nada importante	4	9
Não sabe	1	3
Base (N)	**397**	**405**

Uma coisa é polícia, outra coisa é a lei. Eu solicitaria equipamentos que vêm servir à comunidade, servir à população. Assim eu entendo que polícia é polícia, polícia vem tratar da segurança, não é isso? Então eu não vejo assim um equipamento que venha tratar de direito onde a comunidade pudesse recorrer ao direito do consumidor, o direito de família, enfim [homem, líder local, Cantagalo].

Claro, evidentemente, que órgãos públicos, como Defensoria Pública, seriam importantes dentro de uma comunidade sim, até para mostrar a eles e ensinar a eles os direitos deles [homem, líder comunitário, Vidigal].

Os dados discutidos neste capítulo nos permitem constatar diferenças entre os moradores dessas duas favelas e a população em geral. Enquanto os brasileiros que já utilizaram a Justiça dão nota 5,3 ao serviço recebido (numa escala de 0 a 10),[16] os moradores do Cantagalo dão nota 6,0 e os do Vidigal, nota 6,4.

Algumas hipóteses poderiam ser levantadas para explicar essa avaliação mais positiva do morador da favela do que da população em geral. Entre elas, a valorização da presença e a atenção por parte do poder público. Numa situação de quase absoluta ausência do Estado nessas favelas, com infraestrutura precária (luz, água, saneamento, arruamento etc.) e grave deficiência na prestação de serviços (saúde, educação, transporte etc.), ser atendido, ouvido e ter seu

---

[16] Cunha et al. "Índice de confiança na Justiça", 2011, p. 19.

problema solucionado pela Justiça tende a aumentar a avaliação positiva. Em contraste, essa avaliação tende a ser pior para a população não residente em favela, atendida pelo Estado e que desfruta em maior escala de seus direitos. Ao afirmarem a importância de ter um posto de atendimento do Judiciário em sua comunidade, os moradores reafirmam seu desejo por mais Justiça.

Referências

CUNHA, Luciana Gross et al. Índice de confiança na Justiça. *Relatório ICJ Brasil*, 4º trim. 2011, 4ª onda, ano 3. Disponível em: <http://bibliotecadigital.fgv.br/dspace/bitstream/handle/10438/9282/Relat%C3%B3rio%20ICJBrasil%204%C2%BA%20Trimestre%20-%202011.pdf?sequence=1>. Acesso em: 3 abr. 2012.

MOREIRA, Rafaela Selem. *Democratização do Judiciário na cidade do Rio de Janeiro*: um estudo sobre o acesso individual e coletivo de moradores de favelas à Justiça, contextualizado à luz de uma história de desigualdades. Dissertação (mestrado) — PUC-Rio, Rio de Janeiro, 2011.

PANDOLFI, Dulce; GRYNSPAN, Mário. Poder público e favelas: uma relação delicada. In: OLIVEIRA, Lúcia Lippi (Org.). *Cidade*: histórias e desafios. Rio de Janeiro: FGV, 2002.

SILVA, Itamar; ROCHA, Lia de Mattos. Associação de moradores de favelas e seus dirigentes: o discurso e a ação como reversos do medo. In: JUSTIÇA GLOBAL (Org.). *Segurança, tráfico e milícias no Rio de Janeiro*. Rio de Janeiro: Fundação Heinrich Böll, 2008. p. 37-47.

VALLADARES, Licia do Prado. *A invenção da favela*: do mito de origem à favela.com. Rio de Janeiro: FGV, 2005.

ZALUAR, Alba; ALVITO, Marcos. *Um século de favela*. Rio de Janeiro: FGV, 1998.

CAPÍTULO 5
As UPPs e o longo caminho para a cidadania nas favelas do Rio de Janeiro

FABIANA LUCI DE OLIVEIRA

PEDRO VIEIRA ABRAMOVAY

As UPPs no contexto de políticas públicas de segurança

Para discutir as condições atuais de exercício da cidadania, é preciso compreender o processo histórico de construção da cidadania no país, como nos ensina José Murilo de Carvalho.[1] O mesmo se aplica no caso das UPPs: para discutir os impactos dessa política de segurança no exercício da cidadania nas favelas do Rio de Janeiro, é preciso considerar o processo histórico da construção das políticas públicas de segurança voltadas para essas localidades.

Políticas de segurança pública, talvez muito mais do que outras políticas, desenvolvem-se em um ambiente de polarização de interesses e valores extremamente elevada. Basta notar o enorme avanço alcançado pelo Brasil do ponto de vista do planejamento, implementação e avaliação de políticas públicas em áreas tão distintas quanto educação, saúde, assistência social e política economia. Como resultado, praticamente universalizamos o ensino fundamental, reduzimos drasticamente a mortalidade infantil, retiramos dezenas de milhões de pessoas da miséria e derrotamos a inflação.

---

[1] CARVALHO, José Murilo de. *Cidadania no Brasil*: o longo caminho. São Paulo: Companhia das Letras, 2007.

Todas essas realizações só foram possíveis porque, nesses temas, o Brasil conseguiu instituir verdadeiras políticas de Estado, baseadas no respeito à Constituição Federal, a partir de metas claras e com a da utilização de instrumentos de gestão pública avançados.[2]

No tema da segurança pública o país tem tido uma dificuldade maior em conseguir adotar essa lógica de gestão. Ana Sofia Schmidt de Oliveira[3] já alertava para esse problema ao distinguir políticas de segurança pública e políticas públicas de segurança.

No primeiro caso, haveria uma polarização que geraria um "efeito gangorra" entre o "discurso social" e o "discurso repressivo". Os argumentos daqueles que reconhecem causas sociais na criminalidade seriam tratados como completamente excludentes daqueles que acreditam na repressão policial como a intervenção mais adequada.

Já as políticas públicas de segurança englobam, para a autora, "as diversas ações, governamentais e não governamentais, que sofrem impacto ou causam impacto no problema da criminalidade e da violência". Essa visão trata a repressão policial e as ações de integração social como abordagens compatíveis, a partir do impacto que causam na diminuição da violência, e não a partir de seu efeito político.

No Rio de Janeiro, particularmente, o efeito pendular das políticas de segurança pública se formou de maneira mais evidente. O primeiro governo Brizola (1983-87) rompeu tão fortemente com a lógica repressiva herdada da ditadura militar, trazendo para o debate público fluminense — e brasileiro — a defesa dos direitos humanos como oposição à violência policial, que a resposta política foi também radical, associando àquele governo — e ao discurso de valorização dos direitos humanos — a ideia "de que o poder público se eximira

---

[2] Um bom exemplo para entender a construção destas políticas é o livro organizado por Marieta de Moraes Ferreira e Ângela Britto, reunindo depoimentos sobre o desenho e a implementação do Programa Nacional de Segurança Pública com Cidadania (Pronasci). Ver: FERREIRA, Marieta de Moraes; BRITTO, Ângela (Org.). *Segurança e cidadania*: memórias do Pronasci — depoimentos ao Cpdoc/FGV. Rio de Janeiro: FGV, 2010.

[3] OLIVEIRA, Ana S. S. Políticas públicas de segurança e políticas de segurança pública: da teoria à prática. In: OLIVEIRA, Ana S. S. *Das políticas de segurança pública às políticas públicas de segurança*. São Paulo: Ilanud, 2002. p. 60-63.

de zelar pela segurança da população, deixando-a a sua própria sorte".[4] Esse discurso construído sobre as políticas de policiamento em favela, no sentido de que respeitassem os direitos humanos, criou um ambiente político de muita dificuldade para implementar qualquer alternativa ao discurso de Lei e Ordem no estado do Rio de Janeiro.

A referida política pendular gerou, evidentemente, consequências na polícia fluminense. Afinal, um coronel que tenha hoje 30 anos de Polícia Militar (PM) no Rio de Janeiro começou sua carreira no início do governo Brizola e teve essa representação polarizada como marca de sua vida profissional.

Assim, se a imagem pública da polícia fluminense muitas vezes é aquela retratada no filme *Tropa de elite*, de uma polícia violenta e corrupta, não se pode perder de vista que a polícia do Rio de Janeiro tem também uma tradição de discussão e implementação de policiamento comunitário. Afinal, o primeiro comandante da PM indicado por Brizola foi Nazareth Cerqueira, responsável por inaugurar no Brasil o diálogo da polícia com a produção acadêmica internacional sobre policiamento comunitário. Cerqueira traduziu textos clássicos sobre o tema e incorporou aos manuais da PM fluminense conceitos completamente novos com relação a policiamento comunitário.[5]

Essa influência, que pode ser percebida de maneira difusa, teve sua marca em alguns projetos concretos, como afirmam Albernaz, Caruso e Patrício.[6] Em primeiro lugar, na experiência do Grupamento de Aplicação Prático-Escolar (Gape), na década de 1990, que, segundo as autoras, tinha como inovação a "permanência diuturna dos policiais na favela, realizando o policiamento regular, o que facilitaria um contato mais próximo com seus moradores e o rompimento de um longo histórico de incursões policiais pontuais". Elas afirmam ainda que o Gape "lançou as bases daquilo que viria a se tornar o GPAE".

---

[4] SOARES, Luis Eduardo; SENTO-SÉ, João Trajano. *Estado e segurança pública no Rio de Janeiro*: dilemas de um aprendizado difícil. Disponível em: <www.ucamcesec.com.br/arquivos/publicacoes/01_Est_seg_publ_RJ.pdfhttp://www.ucamcesec.com.br/arquivos/publicacoes/01_Est_seg_publ_RJ.pdf>. Acesso em: 30 abr. 2012.

[5] CERQUEIRA, Carlos Magno Nazareth. *Do patrulhamento ao policiamento comunitário*. 2. ed. Rio de Janeiro: F. Bastos, 2001.

[6] ALBERNAZ, Elizabete; CARUSO, Haydée; PATRÍCIO, Luciane. Tensões e desafios de um policiamento comunitário em favelas do Rio de Janeiro: o caso do Grupamento de Policiamento em Áreas Especiais. *São Paulo em Perspectiva*, São Paulo, v. 21, n. 2, p. 39-52, 2007. Disponível em: <http://pt.scribd.com/doc/35597630/gpae>. Acesso em: 30 abr. 2012.

O Grupamento de Policiamento em Áreas Especiais (GPAE) foi uma experiência de policiamento comunitário implementada em algumas favelas do Rio de Janeiro no início dos anos 2000. A experiência teve êxito considerável em seus dois primeiros anos,[7] tendo como foco explícito a redução da violência. A lógica de guerra contra o tráfico era substituída pela lógica de políticas públicas.

Entretanto, a experiência nunca foi tratada como algo central nas políticas para as favelas da cidade do Rio de Janeiro. Nunca se buscou uma política interdisciplinar que integrasse as políticas públicas de segurança a outras políticas de acesso à cidadania. Não se colocou nem mesmo a política como o centro das práticas policiais. Tratava-se de algo lateral, paralelo à política repressiva tradicional que continuava a ser exercida no resto da cidade.

As UPPs aparecem e devem ser compreendidas como consequência desse processo histórico. Elas não devem, portanto, ser interpretadas como uma grande novidade, formulada em gabinetes, que se implementou perante uma polícia corrupta e violenta. Trata-se de um projeto que dá centralidade à polícia comunitária e ao tratamento da segurança como uma política pública. Além disso, é um projeto que reivindica um enfoque interdisciplinar e de cooperação entre os diversos níveis federativos, criando, por exemplo, a UPP-Social.[8]

O sucesso, ainda relativo, das UPPs pode, portanto, ser lido como uma etapa de um longo processo de aprendizado das polícias de segurança pública do Rio de Janeiro.

Essa história se construiu em um contexto de alta polarização política entre as políticas de Lei e Ordem e as políticas que percebiam que a segurança pública somente poderia efetivar-se quando a cidadania completa pudesse chegar às regiões violentas. Do ponto de vista do discurso político, a disputa era entre a lógica de guerra e a ausência de polícia nas favelas.

A polícia fluminense se construiu trazendo dentro de si esta oposição: uma polícia que tem um histórico brutal de violência, mas que também, como se

---

[7] Albernaz, Caruso e Patrício, "Tensões e desafios de um policiamento comunitário em favelas do Rio de Janeiro", 2007.

[8] UPP-Social é o projeto sob o comando da prefeitura que, nos territórios de implantação de UPPs, busca coordenar diversas políticas públicas com objetivo de integrar esses territórios aos serviços oferecidos na cidade como um todo. Disponível em: <www.uppsocial.com.br/>.

apontou aqui, nunca deixou de contar com discussões sobre policiamento comunitário.

Para compreender os dados que esta pesquisa apresenta, não se pode perder de vista que a trajetória que resulta nas UPPs é justamente a trajetória da transição das políticas de segurança pública para as políticas públicas de segurança. Porque isso traz à tona dois elementos importantes.

O primeiro é a ideia de processo. Esse é um processo que não se iniciou com a primeira das UPPs e ainda está longe de acabar. Apenas quando os mecanismos de gestão para planejamento, implementação e avaliação das políticas públicas de segurança forem implantados e quando segurança não for compreendida apenas como segurança física, mas como segurança de toda a cidadania, pode se dizer que houve êxito no projeto.

O segundo é a consideração das disputas políticas em torno da construção desse processo. A ideia de construção de uma política pública de Estado, mencionada acima, não pode se confundir com a despolitização do processo. As políticas de segurança ainda se equilibram na corda bamba entre as políticas de Lei e Ordem e as políticas antipoliciais.

As críticas às UPPs, vindas de representantes de partidos da "esquerda" ou da "direita", revelam esta polarização. O processo de construção das políticas públicas de segurança a partir das UPPs não pode ignorar essa disputa política que é tão presente nas avaliações de implementação das políticas públicas, mas deve conseguir aproveitar essa polarização — e, sobretudo, reconhecê-la — para construir a legitimidade pública necessária e, então, se poder implementar uma verdadeira política pública de segurança.

Os dados apresentados e discutidos neste texto, portanto, devem ser lidos sob essa ótica. Tentar compreendê-los imaginando que as UPPs são um processo "desistoricizado" provoca um olhar certamente enviesado. A leitura sobre segurança pública e sobre as UPPs feita em uma área de implementação relativamente consolidada da política (Cantagalo) e em uma área na qual a política ainda não havia sido implementada (Vidigal) é marcada por essa disputa constante entre as políticas de segurança pública e pelas tentativas anteriores, como o GPAE, de policiamento em favelas.

Como se vê nesses dados, há tanto desconfianças quanto esperanças nas visões dos moradores que se relacionam com essa história pendular na segurança pública do Rio de Janeiro. O que tem sido interessante perceber no debate público — e parece ser corroborado pela pesquisa — é a legitimidade que as UPPs parecem ter, mesmo com as críticas existentes, para ambos os lados desta disputa política.

Essa legitimidade parece vir da lógica de políticas públicas na qual se forja o discurso político das UPPs. Trata-se de buscar uma política eficiente e de coordenar a política de policiamento com outras políticas públicas capazes de garantir a segurança dos direitos fundamentais aos moradores de regiões antes completamente excluídas da cidade.

O discurso dos moradores reforça essa ideia. A partir da análise que eles mesmos fazem de processos anteriores, a integração com outras políticas públicas e a perenidade da política parecem ser elementos-chave para a esperança depositada nas UPPs. O que se pode compreender nesse discurso é uma visão, por parte dos moradores, bastante sensata, de buscar para a segurança pública a institucionalização de políticas por cima da lógica pendular.

Ainda é cedo para saber se isso vai ou não ocorrer com as UPPs. Dizer que o processo está consolidado ou que nunca se consolidará, como fazem alguns analistas, é desconsiderar o longo processo de amadurecimento do debate público sobre o tema no Rio de Janeiro.[9] O que se pode afirmar com certeza é que construir uma política pública de segurança, baseada na eficiência e no respeito integral da Constituição Federal, é o caminho que possibilitou ao Brasil avanços impressionantes nas áreas de educação, assistência social, saúde e economia. Não há por que imaginar que com a segurança deva ser diferente.

---

[9] Ver, por exemplo, BATISTA, Vera Malaguti. O Alemão é muito mais complexo. In: SEMINÁRIO INTERNACIONAL DE CIÊNCIAS CRIMINAIS EM SÃO PAULO, 17., 2011, São Paulo. Disponível em: <www.fazendomedia.com/o-alemao-e-mais-complexo>. Acesso em: 30 abr. 2012.

Estudo empírico

Como já exposto na apresentação do livro, a pesquisa empírica junto às favelas do Cantagalo e do Vidigal partiu do pressuposto de que ao focar a recuperação do território, e levar segurança à comunidade — e à cidade como um todo —, a UPP se constitui em etapa antecedente e essencial para possibilitar o acesso dos moradores aos demais direitos de cidadania. Com base nesse pressuposto, o objetivo foi compreender *se* e *como* a experiência da UPP impacta a percepção, os hábitos e as atitudes dos moradores com relação ao (re)conhecimento e exercício de direitos.

Neste capítulo, focamos em alguns aspectos dessa experiência, olhando para a forma como a política de pacificação tem sido vista pelos moradores dessas favelas, a partir de sua reação e percepção com relação a três pilares da política: levar paz aos moradores (recuperação do território), promover a aproximação entre população e polícia, e fortalecer políticas sociais na comunidade.[10] Discutimos a chegada da UPP e o convívio com os policiais, no caso do Cantagalo, e a percepção da polícia e a expectativa com relação à instalação da UPP, no caso do Vidigal.

No Cantagalo, a UPP foi inaugurada em 23 de dezembro de 2009. O relato de moradores e de policiais da unidade é o de que inicialmente houve muita resistência por parte da comunidade, mas que hoje a intervenção é bem aceita e bem vista pela maioria dos moradores.

Já no Vidigal, a UPP, no momento de realização da pesquisa, era ainda uma expectativa, que causava grande apreensão entre os moradores. A ocupação da favela se deu no dia 13 de novembro de 2011 e a inauguração da UPP no dia 18 de janeiro de 2012.

---

[10] De acordo com o conceito de UPP definido pela Secretaria de Segurança Pública do Rio de Janeiro, "a Unidade de Polícia Pacificadora é um novo modelo de Segurança Pública e de policiamento que promove a aproximação entre a população e a polícia, aliada ao fortalecimento de políticas sociais nas comunidades. Ao recuperar territórios ocupados há décadas por traficantes e, recentemente, por milicianos, as UPPs levam a paz às comunidades". Disponível em: <http://upprj.com/wp/?page_id=20>.

Segurança — "paz aos moradores"

O primeiro aspecto a ser observado é a percepção de segurança dos moradores nas duas comunidades. Perguntamos aos entrevistados o quanto diriam que se sentem seguros hoje em dia, solicitando que se posicionassem numa escala de 1 a 5 — sendo 1 muito inseguro e 5 muito seguro.

De maneira geral a percepção da segurança no cotidiano é alta nas duas comunidades, sendo um pouco maior no Vidigal. Mas é preciso entender o que estes percentuais implicam, dado o contexto de cada comunidade.

Gráfico 1 | Percepção atual de segurança dos moradores na comunidade (%)

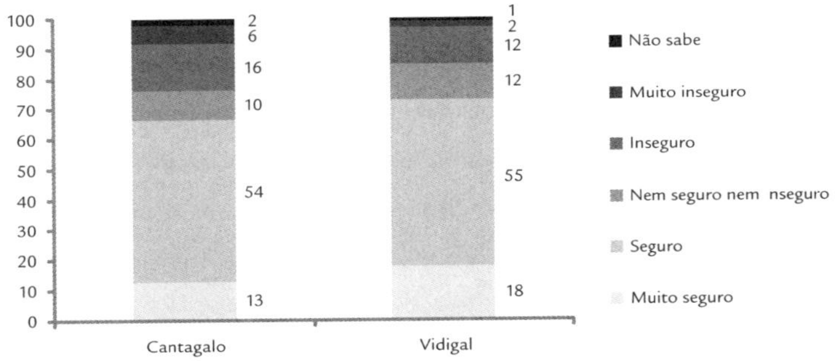

Base: 397 entrevistas no Cantagalo e 405 entrevistas no Vidigal.

Como já abordado em capítulo anterior, a sensação de segurança no Vidigal é explicada pelos moradores principalmente pelo fim da disputa de facções, com o morro sendo dominado naquele momento por apenas uma delas (os Amigos Dos Amigos — ADA). Com isso, o dia a dia passou a transcorrer de forma mais tranquila, que na fala dos entrevistados se percebe com a menção à ausência da ameaça iminente de tiroteios e mesmo da invasão da polícia.

Há também na fala dos moradores uma mescla de elementos de receio e autoestima. Receio em falar abertamente sobre o domínio dos traficantes e sofrer represálias, e receio com a chegada da UPP, que no momento da realização da pesquisa já era comentada e esperada. Autoestima, pois a representação consolidada que se tem da favela é do lugar onde reinam violência, insegurança e medo. Assim, os moradores procuram negar essa imagem, asseverando que vivem "igual a qualquer morador de um bairro pobre da cidade". Essa fala de um dos moradores do Vidigal traz a marca incorporada da separação *morro × cidade*, e revela uma busca de reconhecimento por parte dos moradores das favelas, que esperam um tratamento igual ao dispensado aos moradores do asfalto.

No Cantagalo, a situação de segurança começou a melhorar, na visão dos moradores, com a implantação do GPAE[11] em 2000. No entanto, a atuação desse grupamento não teria sido suficiente para eliminar a presença ostensiva de traficantes armados na comunidade, situação que só teria sido revertida com a chegada da UPP.

Para você ter uma ideia, em 2000 nós éramos a favela mais violenta do Rio de Janeiro, nós éramos o Alemão de ontem. Então foi criado aqui um projeto, chamava-se GPAE. Isso em 2000. Melhorou, mas não deu para acabar com tudo. O GPAE não funcionou porque ele não tinha estrutura. Era Polícia Militar, só que eles tinham um treinamento como se fosse polícia comunitária. O tráfico tava muito forte, não deu para dominar isso, eles eram poucos também, não é? Eram um batalhão com 40 soldados aqui. Com a entrada do GPAE, as coisas mudaram um pouco, e com a UPP mudaram completamente. Nós temos um ano e três meses da UPP aqui. O mais importante é que o pessoal já aceitou a UPP, então está dando certo [homem, líder local, Cantagalo].

---

[11] Albernaz, Caruso e Patrício fazem uma avaliação da experiência do GPAE no morro do Cantagalo. O GPAE foi implementado nas favelas do Pavão-Pavãozinho e de Cantagalo no ano de 2000, e o documento de diretrizes assim o definia: "O GPAE, no âmbito da prestação de serviços de segurança pública, destina-se à implantação e implementação de uma nova modalidade de policiamento interativo em comunidades populares e favelas. Baseia-se no esforço de desenvolvimento de estratégias diferenciadas de prevenção e repressão qualificada do delito a partir da filosofia da Polícia Comunitária. Constitui pressuposto básico da ação que será desencadeada pelo GPAE a integração dos serviços públicos, através da participação articulada das agências do Estado, da Sociedade Civil, além da própria comunidade. O GPAE destina-se à execução permanente e interativa das atividades operacionais de policiamento em comunidades populares e favelas. A atividade desenvolvida é essencialmente preventiva e, eventualmente, repressiva" (Diretrizes de Planejamento da PMERJ apud Albernaz, Caruso e Patrício, "Tensões e desafios de um policiamento comunitário em favelas do Rio de Janeiro", 2007). Nesse mesmo trabalho as autoras apresentam uma avaliação de por que a política não foi bem-sucedida ali: "Alguns meses após a implementação do GPAE, o policiamento relaxou e a circulação da polícia passou a acontecer quase que exclusivamente nos espaços próximos aos postos da polícia. Como consequência, os espaços próximos a estes pontos acabaram por ser fortemente identificados como 'o território' da polícia e, longe destes postos, como a presença da polícia passou a ser cada vez mais rara, o território foi reapropriado pelos 'rapazes do tráfico' (Cardoso apud Novaes, 2003)".

Apreendemos, a partir da fala dos moradores do Cantagalo, a percepção de que a UPP trouxe mais segurança, maior tranquilidade e previsibilidade ao cotidiano da comunidade. Os moradores entendem que a UPP não resolve todos os problemas da favela e que a pacificação é apenas o passo inicial, mas fundamental, para sua organização. Mas apontam também problemas e conflitos que surgem da própria convivência com a polícia e da adaptação da comunidade a uma nova realidade. Como muitos estudiosos do tema já assinalaram, a chegada da UPP implica a adoção de uma nova dinâmica na comunidade e a adaptação dos moradores a novas regras, o que acaba por gerar tensões.[12]

Nas entrevistas qualitativas, ouvimos também alguns relatos no sentido de que com a recuperação do território os moradores passaram a enfrentar pequenos delitos e um tipo de criminalidade comum a qualquer cidade no mundo, especialmente furtos. Os moradores que afirmam sentirem-se menos seguros hoje, na maioria das vezes justificam esse sentimento pela ocorrência de tais delitos, e em menor proporção devido aos conflitos que surgiram da convivência com as regras impostas pela UPP — aspecto que discutiremos com maior detalhe no tópico seguinte.

Embora a grande maioria reconheça que a presença da UPP trouxe a paz de volta à comunidade, muitos ainda temem que essa política perderá a força após os "grandes eventos" (Copa de 2014 e Olimpíadas em 2016) e a comunidade voltará às mãos dos antigos "donos". Os moradores ainda não têm segurança quanto à continuidade das UPPs e temem a volta do domínio do tráfico. Essa percepção é justificada com base nas experiências anteriores (como o próprio GPAE) e nas descontinuidades de políticas públicas de segurança e urbanização implementadas nessa favela e em outras da cidade.

Antes tinha aquela questão do tiroteio e você ficava no meio, isso era uma carga de estresse muito grande para a comunidade. Acabava que você vivia numa situação que você não sabia, a qualquer momento do dia era um tiroteio, não tinha hora, não tinha data marcada, não tinha nada, aí passava o helicóptero. Hoje assim, às

---

[12] Ver MACHADO DA SILVA, Luiz Antonio. "Violência urbana", segurança pública e favelas: o caso do Rio de Janeiro atual. *Caderno CRH* [on-line], v. 23, n. 59, 2010; CUNHA, Neiva Vieira da; MELLO, Marco Antonio da Silva. Novos conflitos na cidade: a UPP e o processo de urbanização na favela. *Dilemas*, Rio de Janeiro, v. 4, n. 3, p. 371-401, 2011.

vezes estou assistindo televisão, está um silêncio na comunidade, quando você ouve um barulho você até estranha, assusta um pouco. Mas antigamente a gente andava muito mais assustado [mulher, moradora, Cantagalo].

Antes você podia deixar uma carteira na janela que ninguém pegava. Até acontecia, mas não era que nem agora. Antigamente a gente sabia que tudo levava para a situação de seu fulano, seu beltrano. Hoje a gente não sabe mais. Pelo menos é o que eu penso, hoje a UPP está aí, está todo mundo confiante. A gente quer de fato uma sociedade de paz, é isso que o mundo inteiro busca, né. Então eu temo só depois de 2016, Copa, Olimpíadas. E depois que tudo isso passar? A UPP vai continuar? Porque polícia eu vejo aqui na minha comunidade desde quando o exército subiu, já teve o GPAE... Nos bastidores a comunidade acredita que em 2016 vai acabar a UPP. Muita gente está falando. Então a preocupação da comunidade é denunciar e depois sofrer retaliações. É o que acontece. De você chegar e ir denunciar para a UPP e depois sei lá em 2016 acaba tudo isso. Porque aí a UPP vai e nós ficamos, essa que é a realidade [homem, morador, Cantagalo].

Além de perguntar sobre a percepção de segurança atual, pedimos aos moradores que avaliassem especificamente o papel que acreditam que a UPP tenha para a promoção de segurança na comunidade. A pergunta foi direcionada aos moradores do Cantagalo da seguinte forma: "Na sua opinião, após a vinda da UPP para o Cantagalo a situação de segurança melhorou, ficou igual ou piorou?". Já para os moradores do Vidigal perguntamos: "Na sua opinião, caso a UPP seja instalada aqui no Vidigal, como ficaria a segurança na comunidade, melhoraria, ficaria igual ou pioraria?".

A maioria dos moradores do Cantagalo (71%) afirmou que após a instalação da UPP a situação de segurança melhorou. Para 17% dos moradores não houve mudança e para 11% piorou. No Vidigal, apesar de 73% dos entrevistados terem afirmado que se sentiam seguros na comunidade atualmente, um percentual significativo (41%) declarou acreditar que a vinda da UPP melhoraria a situação de segurança da comunidade. Para 26% dos moradores nada mudaria, para 17% deles a segurança pioraria e 16% dos moradores não têm opinião formada sobre o assunto, não sabendo ao certo o que esperar.

Gráfico 2 | Percepção com relação à segurança na comunidade após a vinda da UPP (Cantagalo) e expectativa com relação à segurança na comunidade com a futura vinda da UPP (Vidigal) (%)

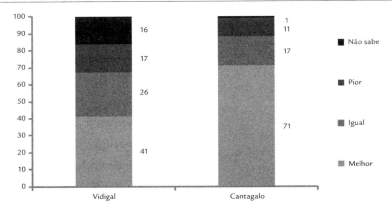

Base: 397 entrevistas no Cantagalo e 405 entrevistas no Vidigal.

O que percebemos na análise das falas e a partir dos dados do levantamento quantitativo é que os moradores veem a vinda da UPP como algo positivo em termos de segurança. Mesmo no Vidigal, onde há um receio maior tanto em falar abertamente que se quer a UPP quanto em questionar a submissão ao tráfico, há falas que demonstram expectativas positivas quanto à pacificação da comunidade. Mas há receios de práticas abusivas por parte dos policiais, assim como a desconfiança de que seja uma política passageira, deixando os moradores apreensivos.

> Eu vejo com muito bons olhos a vinda da UPP. A gente sente que o Estado está entrando, depois de muitos anos, nas favelas. Mas eu tenho medo um pouco dessa questão passageira por ser um movimento apenas pra Copa do Mundo, Olimpíadas, e depois, a gente tem garantias? O que vai acontecer depois que acabar as Olimpíadas? Sem falar nos abusos policiais, a violência que existe. Participação dos policiais com o tráfico de drogas, que é inegável. A questão da coerção também. Está existindo uma festa, entra, bate no morador, acaba com a festa, sabe? A gente ouve falar muito isso. A questão dos limites mesmo. O morador tem que ficar cerceado no que ele pode fazer e o que ele não pode fazer dentro da própria casa dele. Não é

algo assim que visa só a segurança ou a liberdade. É um pouco coercitivo. Eu vejo que tem muito o que melhorar. Acredito que o Estado tem que entrar sim, mas tem que haver uma melhora aí. Pra mim, do que eu ouço falar, tá muito longe do ideal [mulher, moradora, Vidigal].

Em suma, os moradores querem a presença do Estado na favela, querem ser reconhecidos e tratados como cidadãos cariocas, com direitos iguais aos cidadãos do asfalto, e entendem que a UPP é uma porta de entrada, pois promove a segurança. Mas questionam as práticas dos policiais e desconfiam da continuidade da política de segurança.

Aproximação população e polícia: convívio e expectativas

Historicamente, no Rio de Janeiro as relações entre polícia e morador de favela foram relações de confronto. De acordo com Cunha e Mello,[13] o uso da violência, o abuso de autoridade e o desrespeito aos direitos têm sido atitudes comuns da polícia para com o morador da favela, polícia esta que não reconhece no favelado um cidadão, mas, ao contrário, identifica-o como bandido em potencial que coloca em perigo a sociedade.

Assim, é esperado que a entrada da UPP nas comunidades gere resistências e desconfianças iniciais por parte da população residente.

No depoimento dos entrevistados percebemos que a chegada da UPP no Cantagalo encontrou oposição não somente dos traficantes, mas também dos moradores locais, temerosos do tratamento que receberiam dos agentes da polícia militar, receio provocado principalmente pelo histórico de ações policiais no morro que, segundo eles, impunha aos moradores situações de constrangimento e desrespeito.

Contudo, esta resistência inicial foi sendo vencida. A avaliação geral da UPP no Cantagalo é positiva.

---

[13] Cunha e Mello, "Novos conflitos na cidade", 2011, p. 373.

Teve um conflito no começo, porque não é tão fácil. Mas não foi assim daqueles maiores, porque com toda essa ocupação teve só duas mortes na ocupação e um cara preso. Agora com um ano e três meses o pessoal já aceitou, a maioria está trabalhando e tal. O tráfico não acaba, você sabe que o tráfico existe em todo lugar. Mas está uma coisa difícil, se você me perguntar onde vende drogas, onde está vendendo drogas eu não sei. Só o viciado que sabe onde tem por aí. Mas antigamente qualquer um sabia, você subia [na comunidade] e via um com revólver e outro ali na frente vendendo e perguntando para você: "Vai comprar, quer vender", oferecendo igual uma feira [homem, líder local, Cantagalo].

Está melhorando. Está mudando. Mas quando a UPP veio aqui, eles não estavam preparados realmente para enfrentar a comunidade. Não! Eles vieram preparados para enfrentar o tráfico [homem, morador, Cantagalo].

Antes da UPP entrar quem veio foi o Bope. E o Bope veio fazendo a limpa, bateu lá na minha casa onde eu moro, "queremos revistar". Eu tive que sair com a minha filha que é surda, até ela entender o que o policial estava falando, não ele está falando isso. Ele tá falando aquilo... Ele foi lá e viu computador para tudo quanto é lado, eu falei, "sou cidadão e eu trabalho na área de informática". Fiquei apavorado achando que a polícia ia levar o equipamento que eu estava consertando para um cliente, porque a gente ouvia muito isso [homem, morador, Cantagalo].

Lá em casa eles entraram duas vezes. Na primeira quem estava era o meu pai, aí eles entraram, perguntaram para o meu pai quem estava em casa, quem morava ali, aí meu pai pegou e falou. Tinha um mural com fotos, ele ficou olhando, aí entrou lá na cozinha e saiu. Da outra vez eu estava sozinha em casa, ele bateu na porta falou "Posso entrar?". Eu falei "Pois não". Não devo nada, abri a porta, ele entrou. Aí ficou olhando, perguntando "É a sua filha?", eu falei "É". "Você mora aqui com quem?", eu, meu pai e a minha filha. Ai ele entrou olhou, ai falou "Qual o seu nome?" Eu dei o meu nome. "Como que é o nome do seu pai?", dei o nome do meu pai. Aí ele ficou olhando, abriu a porta do armário. Eu só olhando, não falei nada. Olhou debaixo da cama e voltou. Aí ele falou, "Tudo bem". Eu acho assim, é o trabalho deles, mas tudo é uma questão da educação, porque muitas vezes eles entravam já metendo o pé na porta. Mete o pé na porta, e vai entrando, revistando, acontecia muito isso [mulher, moradora, Cantagalo].

Na avaliação dos agentes públicos, a resistência inicial à atuação da UPP se dá principalmente pelo que chamam de "choque de ordem", ou seja, a imposição de obrigações e deveres a uma comunidade que antes vivia sob uma ordem de regras próprias e que passa, após a implantação da UPP, a ter de se ajustar a uma nova realidade. Segundo esses agentes, com o tempo, a comunidade se adapta e passa a buscar mais do que o ordenamento e a segurança; passa a reivindicar a presença do Estado via serviços públicos, uma vez que ainda carece de infraestrutura.

A diferença principal, que a gente nota, é o choque cultural, não é? O que antes era resolvido entre eles e o poder paralelo, hoje tem que se adequar à estrutura do Estado. Existem conjuntos de leis que hoje eles são submetidos e que antes não estavam. A cultura da lei do silêncio, a cultura do direito de vizinhança, a cultura da atuação da polícia na sua vida [...]. Você acaba tendo que limitar o direito da pessoa, na verdade, não é limitar, é mostrar realmente o direito que ela tem, e os deveres. Mas se ela tinha um direito quase que ilimitado, em relação ao uso da sua liberdade, e hoje você fala, "olha, você tem um vizinho", você está limitando o pseudodireito que ele achava que tinha. Você podia ouvir o seu som até as quatro da manhã, ensurdecedor, e o seu vizinho não podia reclamar. Isso com certeza tinha conivência dos chefes do tráfico. Ele não ia desligar o som. Então o morador tinha que dar um jeito para abafar o som, mas não podia reclamar. Então ele tinha um pseudodireito, que hoje em dia a gente está limitando ao direito real que ele tem. Foi essa a mudança. Então o impacto inicial é muito grande [...]. Hoje, o conflito é morador com morador, uma coisa que em qualquer lugar do mundo você tem. O morador que está insatisfeito porque o outro botou o lixo na divisão do muro dele com o vizinho, e o cheiro está indo para a casa dele. A gente tem que ir lá, "olha só, lixo é isso, dentro da sua casa, só coloca fora depois do cheiro passar", "olha, você não pode ouvir o som tão alto, tem o vizinho", então a gente está fazendo um trabalho de conscientização e não só de polícia. Na verdade, a gente está tentando diminuir drasticamente os problemas que chegariam ao tribunal de justiça daqui [homem, agente público, Cantagalo].

Pra ter segurança tem que ser radical, porque as pessoas não são adeptas a seguir aquela doutrina: o rádio depois das 10 horas, o som vai ter que ser bem baixinho. Não pode ficar na rua depois das 10 horas da noite. Sabe? Não vai ter aquela coisa assim tranquila. Aqui no Vidigal o povo não está acostumado. Estão acostumados assim, com a baderna, como diz o poeta, "viva o momento de felicidade". Aí já coloca o som ali, fica até altas horas da noite. Aí o vizinho ao lado tem que dormir pra trabalhar no dia seguinte e não é respeitado o sono dele. E assim vivem as pessoas na comunidade carente. Quando você sabe que vai ter uma mudança radical, em um lugar que tem que ser doutrinado, as pessoas vão demorar um bocado de tempo pra poder se adaptar a isso [homem, morador, Vidigal].

A UPP implica, assim, um processo de internalização de novas regras, já que ela é uma via para a afirmação de direitos, mas também de deveres. Como afirmam Cunha e Mello,[14] a UPP traz não apenas a segurança e a possibilidade de regularização urbanística, mas também a imposição de novas práticas sociais, buscando transformar normas em valores.

Essa imposição de regras de convivência, tais como a proibição do barulho após as 22 horas, a proibição dos bailes *funk*, a mediação de conflitos relacionados à vizinhança, é sentida por muitos num primeiro momento como uma intromissão na vida particular dos moradores. O maior conflito manifesto pelos moradores do Cantagalo em relação à UPP diz respeito à proibição da realização dos bailes *funk* na comunidade, que reduziu as opções de lazer dos moradores nos fins de semana. Em uma das entrevistas, um agente público afirmou que os bailes estavam proibidos por falta do isolamento acústico na quadra, pois o barulho poderia incomodar outros moradores e restringir seu direito ao descanso.

No caso do Cantagalo, na visão dos policiais da UPP, se inicialmente houve muita resistência, e ainda há alguns conflitos por causa da imposição de regras de ordenamento e convívio, a UPP já está hoje bastante integrada à vida da comunidade.

---

[14] Cunha e Mello, "Novos conflitos na cidade", 2011, p. 392.

É a abordagem deles [policiais da UPP]. Porque eles não sabem chegar e abordar, não é? Não sabem, ainda. E, também, outra coisa, também, os caras estão com som alto dentro da casa deles, os caras chegam, mandam abaixar o som. Mas os conflitos mais são esses. Dentro da comunidade é mais isso mesmo, de convivência [homem, movimento social, Cantagalo].

Hoje, de um ano para cá, está bom. Só a única coisa que está pecando é o negócio dessas festas, que eles não querem deixar fazer. Se você for fazer uma festa na sua casa, um pouco maior, tem que mandar um documento para eles 20 dias antes, falando que vai fazer uma festa dentro da sua casa, e depois vão quatro PMs ficar olhando a sua festa na sua casa. Isso é uma coisa errada. O cara que faz festa lá no *playground* dele, lá embaixo, não manda ofício para lugar nenhum [homem, movimento social, Cantagalo].

Toda comunidade, no começo, não sei se por medo, não sei por que tipo de sentimento, era muito mais resistente. Não recebia a gente muito bem no começo. Mas com o tempo, tratando a comunidade com respeito, desenvolvendo os projetos que a UPP desenvolve, a receptividade está muito melhor [homem, agente público, Cantagalo].

Se considerarmos que a modalidade de policiamento comunitário deve ser mais democrática, menos repressiva, visando proporcionar maior autonomia para os moradores,[15] qual a avaliação que fazemos dessa experiência do Cantagalo? Não podemos ignorar que o contato dos moradores do Cantagalo com a polícia é muito maior, devido à presença diária na comunidade. E que o processo de implantação se inicia com a retomada do território, conduzida por policiais do Bope, para, na sequência, culminar na instalação da unidade de policiamento comunitário. Assim, esse maior contato e a experiência inicial com o Bope acabam por resultar em narrativas mais frequentes de episódios de desrespeito e mesmo agressão.

---

[15] Ver SKOLNICK, Jerome H.; BAYLEY, David H. *Policiamento comunitário*: questões e práticas através do mundo. São Paulo: Edusp, 2002.

Embora no Vidigal o contato com a polícia seja menor, os moradores sentem o receio do aumento da repressão.

Se eu for me basear pelo o que eu leio no jornal eu acho que eles [UPP] são uma milícia fardada. [A UPP] impõe a lei do silêncio, amedronta os moradores, acua eles. Porque não foi falado ainda, mas os moradores são achacados. Eu digo a você, o que eu tenho lido referente a eles, sobre a UPP tira todos os créditos. Eu vou voltar aos anos 70. Quando a polícia invadia o morro colocando porta de trabalhador para dentro, rasgando documento: "Faz isso ou faz aquilo". [...] E como que eles lidam com o problema do morador, que mediação que ele vai fazer em um conflito? Vai intermediar como, quebrando máquina de trabalhador, espancando, ameaçando, amedrontando? Isso é intermediar conflito? Dizer que eu não posso sair da minha casa 22 horas, que eu não posso falar, isso é intermediar conflito? [homem, líder local, Vidigal].

A gente tem medo de cair de novo nos regimes totalitários. Ou seja, você vai passar e vão te revistar. Não pode chegar muito tarde. E as pessoas que trabalham aqui, saem de madrugada, de manhã. Aqui é igual uma rodoviária, um aeroporto. Todo mundo sai e volta pra trabalhar. De manhã, de tarde. Isso vai ser um pouco prejudicial. Eu não posso falar pelo outro, eu falo por mim e uma visão que eu tenho é até crítica de algumas coisas que eu li, mas eu não sei se isso é verdade. Porque é o seguinte, quando entra UPP, no primeiro e no segundo mês as coisas andam bem. A gente está entrando em um lugar tal, então trabalham honestamente, dentro dos padrões. Depois quando sai vão ter que cobrar uma taxa ao comerciante, entendeu? Vão ter que cobrar uma taxa da Sky, da net. Como tem que cobrar uma taxa das empresas que estão entrando. Então começam a cobrar taxas das pessoas, e fora da realidade financeira das pessoas. E o comerciante e o morador, com medo de uma questão desse tipo, vai ficando coagido e infelizmente vai ter que contribuir. Como ela falou, transparece segurança pro local, mas será que essa segurança ela é eficaz? Será que a população vai ter essa segurança? Será que os policiais que estão ali, porque, porra, menos de dois anos já tem 19 UPPs, será que vai estar ali? Será que a pessoa que faz o curso ali, o policial, tem a obrigação de proteger a população? E vai respeitar o direito de ir e vir? [homem, morador, Vidigal].

A abordagem dos moradores para apresentação de documentos e realização de revista pessoal foi relatada por quase metade dos moradores do Cantagalo, e no Vidigal aproximadamente 28% dos moradores passaram pela mesma experiência. A revista em casa foi mencionada por 33% dos moradores do Cantagalo e 12% dos moradores do Vidigal. Relatos de desrespeito aos moradores foram feitos por 26% dos entrevistados no Cantagalo e 13% no Vidigal.

É importante destacar que nesse ponto há uma diferença no tipo de desrespeito sofrido. No caso do Cantagalo os moradores referem-se, sobretudo, ao que entendem como invasão da sua privacidade, com a polícia interferindo em atividades cotidianas, como a vigilância de festas em casa, a ordem para abaixarem o som, recolherem o lixo etc. Já no Vidigal o desrespeito vem em grande parte nos relatos sobre a forma de abordagem, quando os moradores reclamam que os policias os tratam como bandidos. Alegações de ameaça, agressão física e detenção foram feitas por pouco mais de 10% dos moradores no Cantagalo e no caso do Vidigal esses casos são mais residuais.

Gráfico 3 | Percentual de moradores que nos últimos 12 meses declararam ter passado por situações com a polícia

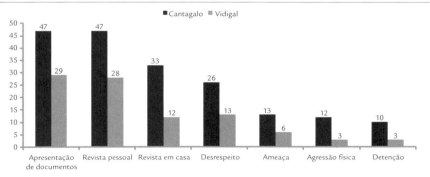

Base: 397 entrevistas no Cantagalo e 405 entrevistas no Vidigal.

A frequência dos episódios de agressão e conflitos no Cantagalo aponta para a necessidade de realizar ajustes nas práticas repressivas da polícia. No entanto, a avaliação que os moradores fazem do convívio com a polícia é majoritariamente positiva (a nota média atribuída ao tratamento dado pela polícia aos moradores no Cantagalo é 6,2, enquanto no Vidigal é 4,7). O que indica que a convivência com os policiais da UPP tem propiciado uma experiência diferente do contato e da visão tradicionais.

Gráfico 4 | Nota atribuída ao tratamento dado pela polícia aos moradores da comunidade (de 0 a 10) (%)

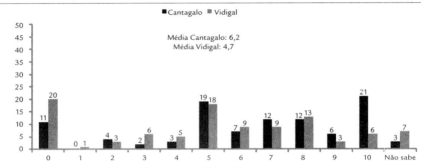

Base: 397 entrevistas no Cantagalo e 405 entrevistas no Vidigal.

Esses relatos de conflito indicam que ainda são necessárias algumas adequações na política de policiamento de aproximação. Mas ela já tem se mostrado positiva no Cantagalo — é bastante significativo que 21% dos entrevistados tenham atribuído nota 10 ao tratamento recebido pela polícia no Cantagalo, enquanto esse percentual é de apenas 6% no Vidigal.

Fortalecimento de políticas sociais: respeito aos direitos de cidadania

O terceiro pilar da pacificação que nos interessa discutir é o aspecto da implementação de políticas sociais e de promoção da cidadania. Se o domínio do território por traficantes e/ou milícias armadas é óbice à efetivação dos direitos dos moradores, o que inclui seu direito à cidade e aos serviços públicos, espera-se que com a instalação da UPP a favela passe a ser integrada à cidade, e que os moradores possam ter acesso tanto a políticas voltadas à regularização fundiária e urbanística quanto ao mobiliário e equipamentos urbanos, assim como aos serviços básicos (coleta de lixo, iluminação, saneamento básico etc.).

No caso do Cantagalo, exploramos junto aos moradores as visões sobre o papel da UPP na ampliação dos espaços de efetivação da cidadania, e percebemos em suas falas a expressão de melhoria da autoestima, na medida em que passaram a se sentir mais reconhecidos. As narrativas indicam que a insegurança atuava como um fator determinante da divisão *favela* × *asfalto*, e que a partir da chegada da UPP os moradores passaram a ter mais acesso a serviços e oportunidades, e a sentirem-se integrados à cidade, exercendo mais livremente seu direito à cidade. A chegada da UPP trouxe serviços, ONGs, projetos de melhoria de infraestrutura, e trouxe as pessoas de volta ao convívio no Cantagalo. É comum ouvir dos moradores que as pessoas não têm mais medo de frequentar o morro, mencionam encontros com conhecidos, amigos e familiares que residem em outras localidades e que, após a UPP, deixaram de sentir medo e passaram a visitar o Cantagalo.

> Ela [a UPP] tem promovido a cidadania porque ela faz a segurança. Porque ela resolve, e aí alguns serviços como bancos vão chegando mais, entendeu? Então têm vindo mais serviços. Eles fazendo, indiretamente, facilita para as outras que vão chegar [homem, líder local, Cantagalo].

> Eu acho que a UPP é de extrema importância para isso [promover a cidadania]. Porque a população não estava, na verdade, acostumada com esse tipo de polícia. Primeiro, as pessoas ficaram, assim, em choque... A UPP está dando oportunidade, não só segurança, mas, também, oportunidade para os moradores. Oportunidade de todos os tipos, não só de cursos, mas também de investimento. Hoje, por um acaso, foi inaugurado um banco Bradesco, aqui. Não é? Que dizer, eles já se sentem à vontade para investir, agora, aqui na comunidade [mulher, agente público, Cantagalo].

> Eu acho que eles, hoje em dia, se acham reconhecidos. Por terem mais acesso a tudo, não é? Quando o morro, ele foi pacificado, isso trouxe um punhado de oportunidades. Eu acho que sim, que hoje eles enxergam diferente [mulher, agente público, Cantagalo].

A UPP vem ocupando um espaço maior do que ocuparia um batalhão de polícia militar regular. Focada no atendimento à população e não somente na segurança, especialmente após o lançamento do programa UPP social, a atuação da polícia é solicitada também para a realização de mediação de conflitos de diversos tipos, bem como para fornecer orientações variadas aos moradores.

Nas narrativas de alguns moradores, líderes locais e de policiais entrevistados, pudemos apreender que a UPP tem atuado mais fortemente na disseminação de informações e atitudes relacionadas aos deveres da população do que aos direitos. Assim, como não há equipamentos formais de prestação jurisdicional oficial na comunidade e, além disso, os moradores pouco sabem sobre como "fazer valer" seus direitos (conforme discutido no cap. 2), acabam encontrando na UPP uma via para resolução de diversos tipos de problema.

> Fica fácil perceber que eles não sabem onde buscar a Justiça. De repente, não sei se por uma questão de propaganda, falta de informação, ou por uma questão até usual deles. Então acredito que essa coisa da informação, de onde buscar, eles entendem que o policial não pode abordá-los sem identificação, mas, algumas vezes, eles não sabem onde se queixar disso. Claro que, em relação ao policial, eles têm o capitão na UPP, fica até fácil de eles resolverem isso. Mas, de repente, se eles compram uma geladeira, a geladeira vem com defeito, eles vão vir na UPP para saber onde eles têm que ir [homem, agente público, Cantagalo].

> Eu acho que a referência do favelado com relação ao Estado é de polícia dentro da favela. E hoje o Estado está deixando pra entrar também após a entrada da polícia de uma outra forma. Que eu acho absolutamente errado. O Estado não precisa de polícia pra entrar. Ele pode entrar com educação, pré-vestibular, escolas municipais. Então ele pode entrar com educação. Ele pode entrar com saúde. Ele pode entrar com as outras políticas sem precisar da ação policial. O Estado hoje ele tá "ah não, vai ter projetos, vários projetos sociais, por exemplo, onde tiver UPP", então eu acho que é erradamente. Está de novo colocando que o favelado com a questão policial. Pacificadora, né? Pacifica quem? E a gente ouve que o comandante da polícia militar está capacitando não sei quantos mil soldados. Mas como é que é esse tipo de ca-

pacitação depois que chegar aqui na comunidade? Como é que esse curso pra lidar com a polícia e o morador? [homem, morador, Vidigal].

No levantamento quantitativo solicitamos aos moradores do Cantagalo que avaliassem o impacto que a instalação da UPP teve no respeito aos seus direitos como cidadãos. Perguntamos, portanto, se o respeito aos direitos melhorou, ficou igual ou piorou. Aos moradores do Vidigal, perguntamos qual a expectativa deles, que efeito eles esperariam que a vinda da UPP traria para o respeito aos seus direitos de cidadão, se o respeito aos direitos melhoraria, ficaria igual ou pioraria.

A maioria dos moradores do Cantagalo afirmou que o respeito aos seus direitos melhorou (57%), para 26% não houve mudança e para 16% o respeito aos seus direitos piorou. A justificativa dos que afirmam que o respeito aos direitos de cidadania melhorou está principalmente na relação do morador com a cidade, com o asfalto. É difundida a sensação de que o morador deixou de ser criminalizado e visto como marginal. Agora o morro não é mais tido como local de bandidos e marginais, passando a ser percebido também como local onde vivem trabalhadores e cidadãos.

Gráfico 5 | Percepção com relação ao respeito aos direitos dos moradores após a vinda da UPP (Cantagalo) e expectativa com relação ao respeito aos direitos dos moradores com a futura vinda da UPP (Vidigal) (%)

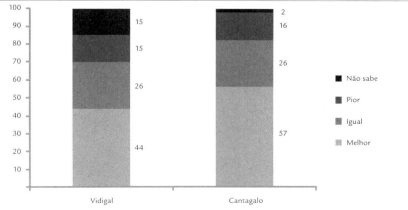

Base: 397 entrevistas no Cantagalo e 405 entrevistas no Vidigal.

Já os que afirmam que piorou a situação de respeito aos direitos apontam o tratamento recebido da polícia nas revistas pessoais e domiciliares, no controle e imposição de regras de convivência. Alguns se sentem tolhidos em sua liberdade.

É interessante notar que também no Vidigal a tendência de percepção caminha no mesmo sentido, a expectativa maior é de melhoria (44% dos moradores), mas para 26% não haverá mudança significativa, para 15% a expectativa é de piora, justificada principalmente pelo receio do convívio com a polícia, e 15% ainda têm dúvidas sobre como será, não sabendo ainda o que esperar.

Seria precoce tecer conclusões definitivas acerca do impacto da política de pacificação na promoção de direitos e da cidadania nestas favelas. É um processo em andamento, em sua fase inicial, sobretudo no Vidigal. Mas é inquestionável o fato de que a política de pacificação tem efeitos positivos ao possibilitar a eliminação da condição de insegurança como barreira para o exercício dos direitos de cidadania aos moradores dessas localidades.

Referências

ALBERNAZ, Elizabete; CARUSO, Haydée; PATRÍCIO, Luciane. Tensões e desafios de um policiamento comunitário em favelas do Rio de Janeiro: o caso do Grupamento de Policiamento em Áreas Especiais. *São Paulo em Perspectiva*, São Paulo, v. 21, n. 2, p. 39-52, 2007.

BATISTA, Vera Malaguti. O Alemão é muito mais complexo. In: SEMINÁRIO INTERNACIONAL DE CIÊNCIAS CRIMINAIS EM SÃO PAULO, 17., 2011, São Paulo. Disponível em: <www.fazendomedia.com/o-alemao-e-mais-complexo>. Acesso em: 30 abr. 2012.

CARVALHO, José Murilo de. *Cidadania no Brasil*: o longo caminho. São Paulo: Companhia das Letras, 2007.

CERQUEIRA, Carlos Magno Nazareth. *Do patrulhamento ao policiamento comunitário*. 2. ed. Rio de Janeiro: F. Bastos, 2001.

CUNHA, Neiva Vieira da; MELLO, Marco Antonio da Silva. Novos conflitos na cidade: a UPP e o processo de urbanização na favela. *Dilemas*, Rio de Janeiro, v. 4, n. 3, p. 371-401, 2011.

FERREIRA, Marieta de Moraes; BRITTO, Ângela (Org.). *Segurança e cidadania*: memórias do Pronasci — depoimentos ao Cpdoc/FGV. Rio de Janeiro: FGV, 2010.

MACHADO DA SILVA, Luiz Antonio. "Violência urbana", segurança pública e favelas: o caso do Rio de Janeiro atual. *Caderno CRH* [on-line]. v. 23, n. 59, 2010.

OLIVEIRA, Ana S. S. Políticas públicas de segurança e políticas de segurança pública: da teoria à prática. In: OLIVEIRA, Ana S. S. *Das políticas de segurança pública às políticas públicas de segurança.* São Paulo: Ilanud, 2002. p. 60-63.

SKOLNICK, Jerome H.; BAYLEY, David H. *Policiamento comunitário:* questões e práticas através do mundo. São Paulo: Edusp, 2002.

SCARES, Luis Eduardo; SENTO-SÉ, João Trajano. *Estado e segurança pública no Rio de Janeiro:* dilemas de um aprendizado difícil. Disponível em: <www.ucamcesec.com. br/arquivos/publicacoes/01_Est_seg_publ_RJ.pdfhttp://www.ucamcesec.com.br/arquivos/publicacoes/01_Est_seg_publ_RJ.pdf>. Acesso em: 30 abr. 2012.

CAPÍTULO 6
Regularização fundiária urbana: o caminho da conquista do direito à moradia nas favelas do Cantagalo e do Vidigal

FABIANA LUCI DE OLIVEIRA

IZABEL NUÑEZ

Neste capítulo discutimos o processo de regularização fundiária em curso nas favelas do Cantagalo e do Vidigal e os meios que seus moradores dispõem para garantir o direito à moradia. Partimos da especificação do que entendemos por regularização fundiária, destacando os principais marcos regulatórios nessa área a partir da Constituição de 1988, apresentamos a situação atual da regularização nas duas favelas estudadas e concluímos nosso texto com a percepção dos moradores sobre esse processo.

O direito à moradia e a regularização fundiária são elementos essenciais no percurso em busca da efetivação de direitos e da construção da cidadania nas favelas. O direito à moradia é direito social reconhecido na Constituição Federal e deve ser considerado de forma ampla, envolvendo não apenas a segurança da posse, mas também a disponibilidade de serviços, mobiliário urbano, infraestrutura e acessibilidade.

O direito de propriedade, por sua vez, não deve ser visto de forma absoluta, devendo ser pensado a partir da função social da propriedade. Isto significa dizer que a proteção do direito à moradia não depende do direito à propriedade, podendo ser garantida por meio da regularização da posse (pela concessão de uso para fins de moradia, por exemplo). Além disso, significa dizer que o direito à moradia pode, muitas vezes, ser privilegiado em detrimento do direito à propriedade. Como bem indica Joaquim Falcão,[1] "A eventual ilegalidade e a inviabilidade financeira não extinguem o direito à moradia. Apenas obrigam as populações carentes a defender este direito por outros meios".

A regularização fundiária está intimamente ligada à efetivação do direito à moradia, direito fundamental previsto no art. 6º da Constituição Federal de 1988, e reconhecido por instrumentos internacionais de proteção e defesa dos Direitos Humanos,[2] que pode ser garantido tanto pelo reconhecimento, regularização ou legitimação da posse (por meio da concessão de uso, por exemplo), quanto por meio da regularização da propriedade (doação, usucapião, entre outros), o que exploraremos de forma detalhada adiante.

Além da efetivação das garantias e dos direitos fundamentais, reafirmamos, com Joaquim Falcão,[3] que

> o direito à propriedade, sobretudo o direito à moradia, é maior que as ideologias. É condição de sobrevivência da cidadania. A estabilidade de qualquer sociedade depende da tranquilidade e da experiência que cada cidadão tenha individualmente da segurança de sua própria moradia.

De qual regularização fundiária estamos falando?

Para o estabelecimento do conceito de regularização fundiária partimos da concepção presente no Estatuto da Cidade,[4] que a define como uma das di-

---

[1] FALCÃO, Joaquim (Org.). *Invasões urbanas*: conflito de direito de propriedade. 2. ed. Rio de Janeiro: FGV, 2008. p. 10.
[2] São vários os tratados internacionais que colocam o direito à moradia no rol dos direitos humanos. Embora o tema da legislação internacional não seja o foco do presente capítulo, é importante lembrar que entre os referidos tratados há a Declaração Universal dos Direitos Humanos (art. 25), o Pacto Internacional sobre Direitos Econômicos, Sociais e Culturais (art. 11) e a Resolução da ONU nº 4, de 1991, que define o que deve ser considerado por moradia adequada, que englobe não só a questão da habitação, mas também uma condição de vida digna. Há ainda a Declaração sobre Assentamentos Urbanos (1976) e a Agenda Habitat (1996).
[3] Falcão, *Invasões urbanas*, 2008, p. 7.
[4] Lei nº 10.257, de 10 jul. 2001.

retrizes gerais da política urbana brasileira e destaca a importância da função social da cidade e da propriedade urbana:

> Art. 2º. A política urbana tem por objetivo ordenar o pleno desenvolvimento das funções sociais da cidade e da propriedade urbana, mediante as seguintes diretrizes gerais:
>
> [...]
>
> XIV – Regularização Fundiária e urbanização de áreas ocupadas por população de baixa renda mediante o estabelecimento de normas especiais de urbanização, uso e ocupação do solo e edificação, consideradas a situação socioeconômica da população e as normas ambientais;
>
> [...]

A Lei nº 11.977/2009, que cria as diretrizes do programa Minha Casa Minha Vida, também traz uma definição de regularização fundiária que vai além da simples regularização da situação jurídica e reconhece outras demais dimensões associadas a esse processo:

> Art. 46. A regularização fundiária consiste no conjunto de medidas jurídicas, urbanísticas, ambientais e sociais que visam à regularização de assentamentos irregulares e à titulação de seus ocupantes, de modo a garantir o direito social à moradia, o pleno desenvolvimento das funções sociais da propriedade urbana e o direito ao meio ambiente ecologicamente equilibrado.

Betânia Alfonsin[5] aponta que empiricamente podem ser encontradas três concepções predominantes sobre regularização fundiária nas cidades brasileiras. A primeira delas vê a regularização como a simples ordenação da situação jurídica, ou seja, como o registro dos lotes em nome dos moradores que neles residem. A segunda é aquela que foca a urbanização do espaço em que vivem as famílias,

---

[5] ALFONSIN, Betânia. O significado do Estatuto da Cidade para os processos de regularização fundiária no Brasil. Disponível em: <www.sedur.ba.gov.br/pdf/versao.final.pdf>. Acesso em: 21 set. 2011.

deixando de buscar a adequação ao regramento jurídico.[6] A terceira visão aponta para a concepção de que a regularização fundiária (jurídica) deve ser feita de forma conjunta com a regularização urbanística do espaço. Nessa última visão, existiriam ainda duas "sublinhas", uma que pretende focar a recuperação urbana para atender o regime urbanístico previsto no Plano Diretor e a outra que busca adaptar o regime urbanístico (legal, físico e social) à formação concreta das ocupações.

Dito isso, compreendemos que a regularização fundiária é um processo mais amplo que a simples regularização jurídica da posse ou da propriedade. Trata-se de um fenômeno *pluridimensional*, capaz de focar tanto o trabalho jurídico quanto o urbanístico, o físico e o social, de forma a adequar o processo às demandas da comunidade em que se dá. É essa a concepção com a qual trabalhamos. É possível apreender essa concepção pluridimensional no discurso das instituições que lidam direta ou indiretamente com o tema da regularização fundiária urbana no município e no estado do Rio de Janeiro.

> Existem três etapas, mas não são etapas cronológicas, são dimensões que você tem que atacar. A dimensão da urbanização, das obras, infraestrutura, um sistema viário, com drenagem, com contenção de encostas, enfim, uma urbanização tradicional que deve privilegiar o espaço público, a regularização do espaço público do ponto de vista físico mesmo, a implantação de praças, de áreas de lazer. Uma segunda dimensão muito importante que é o da regularização *stricto sensu*. E o terceiro e talvez mais difícil que é o da integração. Que é uma dimensão que permeia todas as outras dimensões, mas há de se ter uma preocupação especial com ela, desenvolver programas e projetos sociais específicos para que o poço entre cidade e favela desapareça ou diminua [poder público municipal/RJ].

> Primeiro tem de haver a regularização administrativa, quer dizer, a exemplo do que se faz com o loteamento, que é a aceitação pela parte do poder público daquele parcelamento da terra, deve ser feito a mesma coisa na favela. Então é o momento

---

[6] No Rio de Janeiro, um programa que pode ser assim definido é o Favela-Bairro, conhecido pela melhoria das condições de inúmeras comunidades, mas que acabou por não ordenar a situação jurídica dos lotes, conforme será demonstrado ao longo do texto.

em que a prefeitura faz um decreto, dizendo que a favela abrange uma área x, é uma área de interesse social, que é uma figura criada na lei orgânica do município e que depois foi regulamentada no plano diretor. [...] Depois passa-se por uma regularização urbanística. [...] é feita uma norma jurídica, uma norma que regula o uso do solo daquela favela estabelecendo gabaritos, usos permitidos, usos proibidos, e áreas não edificantes, enfim, como na legislação, utilizando de parâmetros especiais. É o PA, o Projeto de Alinhamento, com todas as vias definidas em papel, os logradouros são reconhecidos e denominados. Depois tem uma regularização fiscal que pode até preceder ou não a essa, mas é quando aquela área passa a integrar o cadastro fiscal do município. Não significa necessariamente cobrar impostos, aí vai depender da política tributária. Muitas vezes pelo valor da propriedade essas áreas estão isentas de pagamento de imposto, mas elas são inseridas dentro do cadastro imobiliário que é o cadastro fiscal. E finalmente a regularização fundiária. A regularização fundiária há muitas soluções, muitos caminhos possíveis para serem feitos. E após o Estatuto da Cidade esses caminhos foram enriquecidos [poder público estadual/RJ].

É importante destacar que a legislação brasileira avançou de forma considerável nas últimas décadas, desde a promulgação da Constituição Federal de 1988 até os dias de hoje, e permitiu chegar a essa compreensão sobre as múltiplas dimensões do fenômeno da regularização fundiária e do direito à moradia. Hoje, após o Estatuto da Cidade, e a lei que instituiu o programa Minha Casa Minha Vida, o poder público dispõe de instrumentos capazes de tornar essa política urbana exequível — por meio da regularização fundiária conjugada com a regularização urbanística. No estado do Rio de Janeiro, um quadro legal permite a utilização da doação para imóveis de propriedade do estado,[7] para além da concessão de uso — e, naquelas situações em que ambos os instrumentos possam ser empregados, a comunidade deverá optar por aquele que entender mais adequado. São, portanto, os marcos acima listados, que discutiremos mais detalhadamente na próxima seção.

---

[7] Os imóveis de propriedade da União também podem ser objeto de doação para fins de regularização fundiária, de acordo com o art. 31 da Lei nº 11.481/2007, conforme explicaremos adiante.

Marcos legais da regularização fundiária a partir da Constituição Federal de 1988 e o surgimento gradual de uma agenda de regularização fundiária no Brasil

Um dos principais marcos legais no processo de regularização fundiária no Brasil está na própria Constituição, nos arts. 182 e 183, e na Emenda Constitucional nº 26/2000, que inseriu o direito à moradia no rol dos direitos sociais (art. 6º). Há, na sequência, o Estatuto da Cidade de 2001 (Lei Federal nº 10.257/2001, que regulamentou toda a política urbana do país); a Medida Provisória nº 2.220/2001 (disciplinou a Concessão Especial de Uso para fins de Moradia — Cuem); o Código Civil de 2002 (que reduziu o prazo para a concessão do usucapião); a Lei nº 10.931/2004 (que estabeleceu a gratuidade do primeiro registro imobiliário decorrente de programas de regularização); a Lei nº 11.481/2007 (que ao alterar a lei nº 9.636/98 criou mecanismos para facilitar a regularização de assentos informais em terras da União); a Lei nº 11.888/2008 (que instituiu o direito das comunidades de terem assistência técnica em programas de regularização) e, mais recentemente, a Lei nº 11.977/2009 (que criou o programa Minha Casa Minha Vida e dedicou um capítulo à regularização fundiária de assentamentos informais urbanos).

Antes da Constituição Federal de 1988 o direito à moradia não possuía essa diversidade de instrumentos legais capazes de garantir sua efetivação. Havia apenas a ação de usucapião, ação cível e, portanto, privada, prevista no Código Civil de 1916 e cujo prazo para o reconhecimento da propriedade sobre o imóvel privado era de mais de 20 anos na posse, sem interrupção ou oposição a essa,[8] assim como a Lei do Parcelamento do Solo, voltada para a regulamentação dos loteamentos e não de ocupações desordenadas.

---

[8] Lembremos que o Código Civil de 1916 somente foi revogado em 2002, quando o Novo Código Civil passou a vigorar no país. O texto de seu art. 550 previa que "aquele que, por 20 (vinte) anos, sem interrupção, nem oposição, possuir como seu um imóvel, adquirir-lhe-á o domínio, independentemente de título de boa-fé que, em tal caso, se presume, podendo requerer ao juiz que assim o declare por sentença, a qual lhe servirá de título para transcrição no Registro de Imóveis" (redação dada pela Lei nº 2.437, de 7/3/1955). Como se vê, essa não era a redação inicial do código, mas, sim, resultante de uma lei que a alterou em 1955. A primeira exigia a posse do bem por, no mínimo, 30 anos ininterruptos.

Foi após a promulgação da Constituição Federal de 1988 que o princípio da função social da propriedade[9] passou a ser a espinha dorsal da política urbana brasileira. Nesse momento deu-se a criação de um capítulo exclusivo para tratar da política urbana do país (arts. 182 e 183) e outro para tratar da política agrícola e fundiária e da reforma agrária (arts. 184 a 191). O direito à moradia, entretanto, não foi tratado como direito social nesse primeiro momento, sendo elevado a essa categoria jurídica somente em 2000, a partir da publicação da já citada Ementa Constitucional n⁰ 26/2000. Somente no ano de 2002 o novo Código Civil veio modificar o prazo mínimo na posse do imóvel para cinco, 10 ou 15 anos a depender do caso concreto,[10] embora o usucapião especial de imóvel urbano já tivesse sido previsto na Constituição Federal de 1988 (art. 183) e regulamentado pelo Estatuto da Cidade em 2001 (arts. 9⁰ e 10).

Outra inovação importante da Constituição Federal de 1988, que afeta diretamente a efetivação do direito à moradia, é o reconhecimento dos municípios como entes autônomos, capazes de legislar sobre a ocupação do solo urbano, de gerar meios e mecanismos legais e financeiros para a implementação de políticas públicas nessa área. Já antes da entrada em vigor do Estatuto da Cidade, houve uma série de experiências locais importantes para tratar do acesso ao direito à moradia e, em razão dessa autonomia, muitos municípios puderam aprovar leis urbanísticas e ambientais locais e seus respectivos Planos Diretores.[11]

Em 2001, o Estatuto da Cidade foi publicado e entrou em vigor. O Estatuto foi criado para regulamentar os arts. 182 e 183 da Constituição Federal, que tratam da política urbana do país. Essa lei trouxe novos contornos ao tema do direito à moradia, preocupando-se com a gestão democrática da cidade e com a regularização jurídica da propriedade, assim como com a criação de diversos

---

[9] É importante referir que, embora esse princípio estivesse inscrito no sistema jurídico brasileiro desde a Constituição de 1934, não encontrava, antes, qualquer operacionalização, pois não havia mecanismos constitucionais, legais ou jurídicos para tanto. Sobre o tema, ver FERNANDES, Edésio. Do Código Civil ao Estatuto da Cidade: algumas notas sobre a trajetória do direito urbanístico no Brasil. *Urbana* [on-line], v. 7, n. 30, p. 43-59, jan. 2002. Disponível em: <www2.scielo. org.ve/scielo.php?script=sci_arttext&pid=S0798-05232002000100004&lng=pt&nrm=iso>. Acesso em: 29 ago. 2011.

[10] Para mais informações, ver os arts. 1.238 e ss. do Código Civil.

[11] FERNANDES, Edésio. *O Estatuto da Cidade e a ordem jurídico-urbanística*. Disponível em: <www. citiesalliance.org/ca/sites/citiesalliance.org/files/CA_Images/CityStatuteofBrazil_Port_Ch4.pdf>. Acesso em: 26 ago. 2011.

instrumentos capazes de facilitar o referido processo. O Estatuto trabalha com quatro dimensões principais: (1) conceitual, que explica os princípios determinantes da política urbana; (2) instrumental, que cria os instrumentos capazes de materializar os referidos princípios; (3) institucional, que define os responsáveis pela gestão urbana; e (4) uma dimensão de regularização fundiária dos assentamentos informais já consolidados.[12]

O Estatuto modifica o paradigma liberal legalista em relação à propriedade, aquele que era previsto no Código Civil de 1916. Tal mudança está ligada ao reconhecimento da função social da propriedade, que somente em 1988 encontrou uma fórmula capaz de ser instrumentalizada.[13] Antes, a noção que pautava a atuação dos setores público e privado ligados ao processo de regularização do solo urbano era guiada pelo direito de propriedade individual de maneira quase absoluta. O Estatuto trouxe, então, uma série de ferramentas, instrumentos jurídicos e financeiros para dar consecução ao disposto na Constituição e permitir aos municípios, agora com mais autonomia, especialmente no âmbito de seus planos diretores, regular e fiscalizar os mercados imobiliários.

Entre as previsões instrumentais do Estatuto, destacamos a regulamentação do usucapião especial urbano e a concessão de direito real de uso.[14] Além disso, ressaltamos a criação das Zonas Especiais de Interesse Social (Zeis) a serem demarcadas nos Planos Diretores.[15] As Zeis são uma inovação importante

---

[12] Fernandes, *O Estatuto da Cidade e a ordem jurídico-urbanística*, p. 61.

[13] Conforme já dito, a função social da propriedade está prevista no ordenamento jurídico brasileiro desde a Constituição Federal de 1934.

[14] Destaque-se que a concessão de uso foi prevista pela primeira vez pelo Decreto-Lei nº 271/1967 e muitos municípios a utilizavam de acordo com esse regulamento, até a Constituição Federal de 1988. Depois da promulgação da Constituição Federal de 1988, que previu o referido instrumento e vetou, expressamente, o usucapião de bens públicos, surge uma interpretação doutrinária no sentido de que a concessão seria a forma adequada para regularizar a posse de bens públicos. Em seguida, o Estatuto da Cidade mencionou tanto a concessão de direito real de uso quanto a concessão de uso especial para fins de moradia, mas não regulamentou essa previsão, em razão da existência de um veto sobre o texto. Assim, o governo federal editou, posteriormente, a Medida Provisória nº 2.220/2001, que regulamentou a questão. A concessão de direito real de uso e a concessão de uso especial para fins de moradia são semelhantes (ambas conferem somente a posse sobre o bem imóvel e são aperfeiçoadas por meio de termo administrativo, assim como têm a mesma duração e podem ser transferidas *causa mortis* ou *inter vivos*). A diferença se dá em sua utilização, já que a primeira pode ser usada para fins comerciais, enquanto a segunda só pode ser usada para fins de moradia.

[15] Todos os municípios com mais de 20 mil habitantes devem fazer planos diretores, a partir do que dispõe o Estatuto.

para reconhecer os espaços urbanos nos quais as necessidades sociais conduziram uma determinada parcela da população a residir em locais distantes, sem infraestrutura e sem saneamento básico, ou seja, diferentes da cidade formal. A importância desse zoneamento é não mais segregar a cidade e buscar, para tanto, flexibilizar os padrões urbanísticos dessas áreas que foram tradicionalmente ocupadas de formas não legais ou não oficiais. As peculiaridades das Zeis devem ser amplamente respeitadas, o que se traduz no estabelecimento de um regime urbanístico condizente com a realidade de cada assentamento.

No Plano Diretor do Rio de Janeiro (Lei Estadual Complementar nº 111/2011) as Zeis, denominadas de Áreas Especiais de Interesse Social (AEIS), estão previstas no art. 70 e seguintes. As duas favelas que pesquisamos aqui são classificadas como AEIS.[16]

Depois do Estatuto, muitas leis federais foram editadas no sentido de regulamentar a regularização fundiária e garantir a efetivação do direito social à moradia, criando uma agenda de regularização fundiária urbana no país, também a partir da criação do Ministério das Cidades no ano de 2003.[17] Entre as novas leis, destacamos a que estabelece a gratuidade do registro imobiliário nos programas de regularização fundiária (Lei nº 10.931/2004); a que cria mecanismos para facilitar a regularização de assentamentos informais em terras da União e que prevê a possibilidade de a União doar imóveis e terrenos de sua propriedade para reforma urbana (Lei nº 11.481/2007); a lei que institui o direito das comunidades de terem assistência técnica em programas de regularização (Lei nº 11.888/2008) e mais recentemente a que criou o programa Minha Casa Minha Vida, para facilitar a regularização de assentamentos informais urbanos (Lei nº 11.977/2009).

O programa previsto na Lei Minha Casa Minha Vida busca preencher lacunas existentes para a legalização da posse em assentamentos irregulares no

---

[16] A lei municipal que declara como Área de Especial Interesse Social a comunidade do Cantagalo é a Lei nº 3.688/2003, e o Vidigal é declarado AEIS por meio da Lei nº 2.704/1998. Os decretos do Executivo Municipal que regulamentam o uso e a ocupação do solo dessas áreas são, respectivamente, Decreto nº 33.015/2010 e Decreto nº 33.352/2011.

[17] O Ministério das Cidades foi instituído em 1º de janeiro de 2003, por meio da Medida Provisória nº 103, depois convertida na Lei nº 10.683, de 28 de maio do mesmo ano. O Decreto nº 4.665, de 3 de abril de 2003, aprova a Estrutura Regimental e o Quadro Demonstrativo dos Cargos em Comissão do Ministério das Cidades.

país como forma de possibilitar a aplicação definitiva do princípio da função social da propriedade.[18] Além de inovar no conceito de regularização fundiária, inserindo as dimensões sociais, urbanísticas e ambientais, conforme transcrevemos no início do texto, traz os princípios que devem reger as políticas de regularização fundiária:

> Art. 48. Respeitadas as diretrizes gerais da política urbana estabelecidas na Lei nº 10.257, de 10 de julho de 2001, a regularização fundiária observará os seguintes princípios:
>
> I – ampliação do acesso à terra urbanizada pela população de baixa renda, com prioridade para sua permanência na área ocupada, assegurados o nível adequado de habitabilidade e a melhoria das condições de sustentabilidade urbanística, social e ambiental;
>
> II – articulação com as políticas setoriais de habitação, de meio ambiente, de saneamento básico e de mobilidade urbana, nos diferentes níveis de governo e com as iniciativas públicas e privadas, voltadas à integração social e à geração de emprego e renda;
>
> III – participação dos interessados em todas as etapas do processo de regularização;
>
> IV – estímulo à resolução extrajudicial de conflitos; e
>
> V – concessão do título preferencialmente para a mulher.

Ao instrumentalizar o poder público, e os demais entes legitimados (população moradora dos assentamentos informais, cooperativas habitacionais, associações de moradores, entidades civis, entre outros listados no art. 50 da lei),[19] para a promoção da regularização fundiária de núcleos irregulares con-

---

[18] D'OTTAVIANO, Maria Camilla Loffredo; QUAGLIA SILVA, Sérgio Luis. Regularização fundiária no Brasil: velhas e novas questões. *Planejamento e Políticas Públicas* – PPP, n. 34, p. 213, jan./jun. 2010. Disponível em: <www.ipea.gov.br/ppp/index.php/PPP/article/viewFile/172/185>. Acesso em: 2 out. 2011.

[19] Frisamos aqui que os moradores e demais entes legitimados a promover a regularização fundiária, como as cooperativas habitacionais, ONGs, entre outros, não podem realizar todos os atos do procedimento. Eles podem fazer o projeto de regularização fundiária e, após a aprovação pelos órgãos competentes, solicitar o registro do parcelamento decorrente desse processo. Entretanto, somente o poder público pode fazer a demarcação urbanística e reconhecer a posse por meio da legitimação, assim como aprovar o projeto de regularização fundiária.

siderados de interesse social, essa lei permite a "desjudicialização" dos procedimentos de transmissão coletiva da propriedade em assentamentos (terras particulares, públicas ou indefinidas). Entre as novidades trazidas pela lei Minha Casa Minha Vida destacamos: (1) a demarcação urbanística,[20] que consiste em procedimento administrativo por meio do qual o poder público (União, estados, municípios e Distrito Federal) demarca imóvel de domínio público ou privado, definindo seus limites, área, localização e confrontantes, com a finalidade de identificar seus ocupantes e qualificar o tempo e a natureza das respectivas posses[21] (art. 47); (2) a legitimação de posse, que é o ato do poder público destinado a reconhecer a posse de imóvel objeto de demarcação urbanística. Isto é, trata-se da identificação pelo poder público de uma situação de fato, por meio da confecção de um título, em nome do morador, e que deve ser averbado no cartório do registro de imóveis da localidade[22] (art. 47), e (3) usucapião administrativo, que consiste no procedimento de reconhecimento da propriedade do bem imóvel administrativamente, quando decorridos cinco anos da legitimação da posse, sem oposição dos antigos proprietários, e que envolve os beneficiários da regularização fundiária de interesse social, o poder público responsável e o cartório do registro de imóveis onde se localiza o imóvel (art. 60). Organizamos uma lista das etapas para a regularização, por meio da utilização desses instrumentos (ver quadro 1).

---

[20] É importante destacar que, conforme já dito, a demarcação das terras da União para regularização de assentamentos informais de baixa renda já estava prevista desde 2007, quando a Lei nº 11.481 alterou a Lei nº 9.636/1998.

[21] Nos casos de terras particulares, qualquer um dos entes da Federação pode fazer a demarcação urbanística; já nos casos de áreas públicas, qualquer ente pode fazer a demarcação em terras do seu próprio domínio. Sobre terras da União, em razão da seção III-A do Decreto-Lei nº 9.760/1946, a demarcação somente poderá ser feita pela própria União. Já nas terras municipais e estaduais poderá ser feita por outro ente público, desde que não haja vedação da legislação patrimonial e se obtenha anuência do proprietário da área.

[22] A legitimação de posse, quando feita em áreas privadas, possibilita a posterior aquisição da propriedade por meio do usucapião administrativo e, quando feito em áreas públicas, facilita a instrução de pedidos de concessão de uso para fins de moradia ou de outros instrumentos possíveis. Entretanto, a sua utilização é interessante somente nos casos em que o ente promotor da ação não é o proprietário das terras já que, quando a demarcação é feita pelo próprio ente detentor do domínio, ele pode automaticamente transferir o direito real, por meio da concessão de uso especial para fins de moradia, da concessão de direito real de uso ou da doação. Para mais informações, ver MINISTÉRIO DAS CIDADES. *Regularização fundiária urbana*: como aplicar a Lei Federal nº 11.977/2009. Brasília, 2010. Disponível em: <www.iab.org.br/images/stories/utf8cartilharegularizacaofundiaria.pdf>. Acesso em: 10 abr. 2012.

Assim, por meio desses três instrumentos (demarcação urbanística, legitimação de posse e usucapião administrativo), qualquer ente da Federação, respeitadas as devidas notificações de outros entes envolvidos, poderá utilizar a lavratura de auto de demarcação urbanística, a legitimação de posse e, quando for o caso, decorridos cinco anos da data da legitimação, o detentor do título poderá solicitar a conversão da posse em propriedade (art. 60) — ver quadro 2.

Quadro 1 | Etapas da regularização por meio dos instrumentos previstos na Lei nº 11.977/2009

1	Seleção do assentamento objeto da demarcação (realização de pesquisa da situação fundiária, jurídica e social, assim como a situação econômica dos moradores com o objetivo de caracterizá-la como de interesse social).
2	Elaboração do auto de demarcação urbanística (elaboração de levantamento planialtimétrico cadastral, plantas e memoriais descritivos, análise da matrícula, sobreposição da planta no registro de imóveis, identificação dos títulos atingidos pelo auto, entre outros).
3	Encaminhamento do auto de demarcação urbanística ao cartório do registro de imóveis,[23] devidamente instruído com os documentos listados no § 1º do art. 56 da lei, para uma série de procedimentos que vão desde a notificação dos proprietários por edital, tentativas de acordo (caso haja impugnação de algum interessado), até culminar na averbação do auto de demarcação urbanística na respectiva matrícula.
4	Elaboração do projeto de regularização fundiária após sua respectiva análise e aprovação por parte do município.
5	Registro do parcelamento decorrente do projeto de regularização fundiária no cartório de registro de imóveis, com abertura das matrículas das parcelas resultantes.
6	Reconhecimento da legitimação da posse dos moradores, se for o caso, com seu respectivo registro na matrícula do imóvel.

Fonte: Ministério das Cidades, 2010.

Quadro 2 | Entes públicos autorizados a realizar a demarcação urbanística

	Município pode demarcar	Estado pode demarcar	União pode demarcar
Áreas particulares	Sim	Sim	Sim
Áreas públicas municipais	Sim	Sim (com concordância do ente municipal)	Sim (com concordância do ente municipal)

▼

---

[23] Antes do envio do auto para o cartório de registro de imóveis, o ente promotor da regularização fundiária (município, estado ou União) deve, se a demarcação abranger áreas públicas ou com elas confrontar, notificar os demais entes públicos para que informem a titularidade da área.

	Município pode demarcar	Estado pode demarcar	União pode demarcar
Áreas públicas estaduais	Sim (com concordância do ente estadual)	Sim	Sim (com concordância do ente estadual)
Áreas públicas federais	Não	Não	Sim

Fonte: Ministério das Cidades, 2010.

Esses novos instrumentos de atuação efetiva do poder público foram fundamentais para dar agilidade aos processos de regularização fundiária de interesse social e, como veremos adiante, têm sido amplamente utilizados no município do Rio de Janeiro. Entretanto, compreende-se que os trâmites definidos pela lei poderiam ser ainda mais simplificados. Essa necessidade de "desburocratização" é defendida por representantes do poder público estadual, como podemos apreender em uma das entrevistas.

> Você tem dificuldades da própria legislação, que a própria legislação visa descomplicar, mas ela acaba bloqueando. Embora você tenha os instrumentos, a gente ainda tem que descomplicá-los [...] são várias situações absurdas, imagine você ter que provar que não houve oposição à posse, é um dos requisitos do usucapião. Como você vai provar esse requisito? Indo ao cartório, olha que absurdo, pedindo, numa comunidade de mil beneficiários do usucapião, ou proprietários, ainda, que vão buscar a declaração da propriedade, você vai pegar lá, ir no cartório e requerer mil certidões dizendo que não tem ação contra. Porque que não há inversão do ônus da prova, como existe na lei do consumidor? Que houvesse uma impugnação coletiva. [...] Quem tem que dizer que tem uma ação contra os "usucapientes" seria o proprietário, pseudoproprietário, que já perdera a propriedade pelo advento do usucapião, ele que teria que contestar. Então essas dificuldades são insuperáveis, você não consegue fugir dessas dificuldades, então você tem a dificuldade da própria legislação, que ela é avançada, sim, mas ela, ao mesmo tempo, é regressiva, ela é impeditiva. É uma contradição, como aqui é bem contraditório, isso tudo é contraditório mesmo [poder público estadual/RJ].

Além da regulação federal, existem as peculiaridades da regulação estadual. No estado do Rio de Janeiro o quadro jurídico-legal diferencia-se, em relação a outros estados, com a aprovação da Emenda Estadual Constitucional nº 42/2009[24] e da Lei Estadual Complementar nº 131/2009. A Emenda foi aprovada em 30 de outubro de 2009 para permitir que fossem doados os bens imóveis do estado para "programas de regularização fundiária, inclusive para fins de assentamento de população de baixa renda". A Lei Complementar nº 131/2009 veio, assim, regulamentar essa nova possibilidade legal, de doação das terras públicas estaduais (da administração direta e indireta) para particulares integrantes de assentamentos hipossuficientes nos casos de regularização fundiária. A doação surge, no cenário estadual, como alternativa à concessão de uso, que vinha tradicionalmente sendo empregada na regularização das terras públicas.

Há, entretanto, divergências quanto ao melhor ou mais adequado instrumento, especialmente porque a doação é uma possibilidade nova e não se sabe se, e como, afetará as comunidades. Alguns representantes de movimentos sociais, por exemplo, são contrários à doação porque com ela o Estado perderia o poder regulatório e fiscalizatório sobre as ocupações, já que após cinco anos os titulares podem alienar sua propriedade sem qualquer comunicação ou autorização prévia do Estado.

Existe ainda, por parte de alguns dos representantes de movimentos sociais e de líderes comunitários, o receio de que, a partir desse processo, comunidades onde a especulação imobiliária é grande, como é o caso das duas favelas que estudamos, acabem sendo descaracterizadas e até mesmo posteriormente removidas (fenômeno conhecido como "expulsão branca"). Já com a concessão de uso isso não ocorreria, uma vez que as terras continuam sendo propriedade pública e o titular da posse pode negociá-las somente com a anuência do Estado, que atua como fiscalizador.

---

[24] A Emenda Constitucional nº 42/2009 alterou o art. 68 da Constituição Estadual do Rio de Janeiro para incluir o § 5º com o seguinte texto legal: "Art. 68. Os bens imóveis do estado não podem ser objeto de doação nem de utilização gratuita por terceiros, nem de aluguel, salvo mediante autorização do Governador, se o beneficiário for pessoa jurídica de direito público interno, entidade componente de sua administração indireta ou fundação instituída pelo poder público, bem como nos casos legalmente previstos para regularização fundiária. [...] § 5º As exigências previstas neste artigo poderão ser dispensadas no caso de imóveis destinados a programas de regularização fundiária, inclusive para fins de assentamento de população de baixa renda, na forma da lei complementar, que disporá, ainda, sobre as condições e procedimentos específicos para a alienação de imóveis públicos e para sua utilização pelos beneficiários no âmbito dos referidos programas".

O receio da "expulsão branca" e a dúvida sobre a melhor forma de garantir o direito à moradia nas comunidades aparecem na fala de líderes comunitários das favelas estudadas. Ao ser indagada sobre a entrega de títulos de propriedade, um líder assim manifestou sua preocupação:

> Hoje a gente pode vender, mas vende para mim, aqui dentro e tal, agora no caso de um grande empreendedor, não vai comprar porque tem toda essa coisa da terra não ter legalidade. Agora que está chegando a legalidade as imobiliárias estão vindo porque virou ouro para eles, para os tubarões. A gente vive com dois fantasmas, o fantasma da remoção e o da especulação, que nos preocupam o tempo todo, tanto a remoção pelo governo e, ao mesmo tempo, para ser legalizado, vêm os tubarões de imóveis [homem, morador da favela e líder comunitário, Cantagalo].

Embora haja essa apreensão por parte de alguns líderes comunitários, a grande maioria dos moradores quer ter o título e o direito pleno de propriedade, quer poder ser tão proprietária quanto qualquer morador do asfalto. Nas palavras dos residentes entrevistados no Cantagalo, os moradores da favela não querem ser "menos cidadãos que os cidadãos do asfalto".

Resumimos, no quadro 3, as principais diferenças entre os instrumentos de concessão de uso e doação, as duas formas de regularização dos títulos de posse e propriedade que vêm sendo atualmente utilizadas pelo poder público no estado do Rio de Janeiro, especialmente para terras públicas, a partir da demarcação urbanística e da legitimação de posse.[25]

---

[25] Note-se que terras privadas também podem ser objeto de demarcação urbanística e de legitimação de posse (a primeira é a fase de identificação de confrontantes e ocupantes e a segunda é o ato do poder público de reconhecimento da posse em imóvel que foi objeto de demarcação urbanística). Além disso, decorridos cinco anos da averbação da legitimação de posse, os posseiros de terras privadas podem requerer a conversão do título em propriedade, tendo em vista o usucapião.

Quadro 3 | Distinção jurídica entre concessão de uso e doação

Concessão de uso	Doação
Confere direito real aos titulados, é passível de registro imobiliário e dá ao titulado acesso a crédito.	Confere direito real aos titulados, é passível de registro imobiliário e dá ao titulado acesso a crédito.
Mantém o assentamento vinculado ao Estado, o que pode vir a protegê-lo da especulação imobiliária e da descaracterização do local.	Possibilita emancipação do assentamento em relação ao Estado, insere o titular no mercado imobiliário e permite nova desapropriação após a concretização da doação.
A lavratura dos termos pode ser feita administrativamente.	A lavratura dos termos pode seguir o procedimento notarial tradicional e também a forma administrativa.[26]
É conferida pelo prazo de 99 anos, renováveis por mais 99. Pode ser transferida por meio de negociação *inter vivos* ou *causa mortis*.	A propriedade pode ser transferida após cinco anos, por meio de negociação *inter vivos* ou *causa mortis*.

O processo de regularização fundiária nas favelas do Cantagalo e do Vidigal

Ao analisar a situação atual do processo de regularização fundiária urbana no Cantagalo e no Vidigal, é importante ter em mente que a história das políticas públicas voltadas à garantia do direito à moradia aos habitantes das favelas do Rio de Janeiro tem sido marcada por interrupções e descontinuidades. Exemplos disso são os programas Cada Família Um Lote e Favela-Bairro, implementados nas localidades estudadas, e que não efetivaram a regularização da posse ou propriedade dos moradores. Assim, quando falamos do presente, não podemos desconsiderar esse histórico.

No que se refere à condição atual desse processo no Cantagalo, o primeiro aspecto a salientar é a situação jurídica das terras. Uma parcela do morro é de terras públicas, nas quais é possível conduzir a regularização fundiária por meio da doação. Outra parcela é de terras privadas, sendo uma parte delas de propriedade indefinida, da qual não foi possível definir a cadeia sucessória e especificar os proprietários. Outra parte tem proprietários definidos, como as

---

[26] O procedimento da doação, até a edição da Lei Estadual Complementar nº 144, de 10 de janeiro de 2012, só podia ser efetivado por meio de escritura pública lavrada em cartórios de notas, com a cobrança de custas e emolumentos. Após a edição da lei mencionada, a lavratura do termo de doação pode ser feita também administrativamente, de forma gratuita, no Instituto de Terras e Cartografia do Estado do Rio de Janeiro (Iterj).

terras que pertencem à Companhia Estadual de Habitação do Rio de Janeiro (Cehab).[27]

Diante desse cenário, a regularização tem se dado de três maneiras distintas: (1) por meio da doação das terras públicas e (2) por meio da demarcação urbanística de áreas de propriedade indefinida e áreas de propriedade privada, ambas as formas sendo realizadas administrativamente pelo Iterj e (3) por meio de ação de usucapião, proposto pela ONG Instituto Atlântico em relação às terras da Cehab. Assim, atuam nesse cenário tanto o Iterj quanto a organização não governamental, Instituto Atlântico.

O Instituto Atlântico, em parceria com dois escritórios de advocacia,[28] envolveu-se no processo de regularização fundiária no Cantagalo desde o ano de 2007, quando foi procurado por representantes da comunidade para auxiliá-los no referido processo. Naquele momento, não havia alternativa possível senão a proposição de ação de usucapião para as terras privadas e a concessão de uso para as terras públicas. O Instituto Atlântico atuou, num primeiro momento, de forma administrativa, para negociar com o poder público a regularização do local e, em seguida, propôs ação de usucapião como "fato político" no ano de 2009 na área da Cehab.[29]

> Fomos procurados pelo presidente da associação de moradores do Cantagalo, o Luís Bezerra, que queria uma solução para a situação. Havia insegurança porque iriam começar as obras do PAC, tinha previsão de remoção de algumas casas para a construção de vias, para a construção do elevador do metrô, e ele foi buscar auxílio com o Paulo Rabelo de Castro, do Instituto Atlântico, e a Ignez Barreto, do projeto segurança de Ipanema. Eles viram, então, uma oportunidade de atuar junto com a sociedade civil

---

[27] Para compreensão da área total sobre a qual está situado o Cantagalo, ver anexo 2 ao final do capítulo, p. 182.

[28] Essa experiência do Instituto Atlântico está detalhada na obra de CASTRO, Paulo Rabello de. *Galo cantou!*: a conquista da propriedade pelos moradores do Cantagalo. Rio de Janeiro: Record, 2012.

[29] A Cehab foi criada para substituir a Companhia de Habitação Popular do Estado do Rio de Janeiro (Cohab-RJ), por meio do Decreto-Lei nº 39, de 24 de março de 1975, e é uma sociedade de economia mista que conta com estrutura e funcionamento de empresa privada e, por isso, os bens de sua propriedade podem ser usucapidos. Esse é entendimento majoritário da doutrina e jurisprudência brasileiras. Nesse sentido, por exemplo, ver Processo 0006895-51.1995.8.19.0000, do TJ/RJ, julgado em 10 de dezembro de 1998.

pra pressionar e fiscalizar o governo para adotar uma medida inovadora aí para o Cantagalo, porque até então, todo esse processo de regularização fundiária, a gente nunca tinha um resultado 100% positivo: Favela-Bairro etc. [...] não havia uma legislação que previsse claramente o que fazer. [...] Começamos a estudar o caso do Cantagalo e ver qual seria a melhor solução jurídica, e sempre tratando os moradores como clientes, sempre com o objetivo de dar o melhor resultado para o nosso cliente. E qual seria o melhor resultado para o nosso cliente? A propriedade plena, e não um título precário de concessão. E como a gente ia conseguir a propriedade? A gente começou a analisar toda a legislação e a fazer uma série de reuniões com os membros dos governos municipal e estadual. Então, a gente teve que desenvolver uma tese jurídica em favor da propriedade e depois passar por um processo de convencimento das autoridades. [...] e aí veio aquela alteração na Constituição [Emenda Constitucional nº 42] e na Lei Complementar [nº 131]. Foi uma grande conquista essa legislação. É uma legislação, até onde a gente tem notícia, inédita. [...] Não existe em outros estados do Brasil. Uma coisa que realmente nasceu aqui no Rio de Janeiro [ONG].

O Instituto Atlântico executou projeto financiado pelo Instituto Gerdau, para mapeamento topográfico da área da favela, e o cadastramento censitário dos moradores, que culminaria na referida ação de usucapião. A perspectiva adotada pelo Instituto no relacionamento com a comunidade, de acordo com seus representantes, foi de "empoderamento", dando aos moradores informações e voz para participar ativamente do projeto.

Fizemos algumas assembleias gerais na comunidade. Então, a gente reunia a comunidade, fazia uma convocação e dizia: "Olha, vocês querem seguir nesse caminho? A gente vai ter que entrar com uma ação contra o Estado". [...] "Ah, mas e o IPTU, como é que vai ficar?" "Mas e a luz?" Eu falo: "Olha, vai ter que pagar a luz. Em algum momento vai ter que pagar a luz. Agora, o que a gente vai brigar por vocês? A gente vai brigar por vocês para que seja progressivo, para que seja tarifa social, que tenha um tempo de maturação, que seja algo que caiba no orçamento de vocês"... E é óbvio que tem gente que não vai conseguir pagar. É óbvio que tem gente que não vai querer pagar. Mas a gente sempre analisou a coletividade [ONG].

Em 2009, foi editada a Medida Provisória nº 459 (depois convertida na Lei nº 11.977/2009), que modificou e, em certa medida, facilitou a regularização das áreas de interesse social. Essa lei, conforme já abordado na seção anterior, possibilitou que o processo de regularização fosse feito de forma administrativa.

> Hoje com a lei, é o requerimento administrativo. Você tem que fazer a mesma coisa que a gente fez no Cantagalo, que é fazer o censo e a topografia, porque você precisa produzir as provas. Não pode dizer "me dá que é meu". É possível hoje com base na lei pedir junto ao Iterj, por exemplo. Até porque ele que ficou responsável por conduzir esse tipo de processo. Então, é um requerimento administrativo, e vão ser verificadas as condições de admissibilidade dessa doação, ou um processo de legitimação de posse, que tem até uma natureza que pode ser usado tanto em áreas públicas como em áreas privadas. Então também você pode pedir a legitimação de posse. Não tinha na nossa época, no momento que a gente fez, mas hoje eu acho que seria até o caminho mais natural, porque aí você dá o mesmo tratamento para todas as áreas. Você vai ter um pedaço que vai ficar concedido pelo Estado e o outro que é reconhecido após o transcurso do prazo de conversão da posse em propriedade, que também é de cinco anos. Então você tem uniformidade nesse prazo, que é uma coisa importante [ONG].

Em novembro de 2010, a prefeitura do Rio de Janeiro divulgou os padrões específicos para a ocupação e regularização do solo no Cantagalo, prevendo

> três regras básicas para controle do crescimento da comunidade: proibição de novas construções, mesmo dentro dos limites da AEIS; obediência aos gabaritos previstos para as cinco subzonas que integram a comunidade e o respeito às áreas públicas. Além de atender às três regras de controle do crescimento, os moradores do Cantagalo que quiserem regularizar suas casas terão que provar junto à prefeitura as condições mínimas de higiene, segurança e de habitabilidade em suas construções. Já as instalações comerciais são permitidas desde que obedeçam as mesmas normas e não abriguem atividades poluentes ou que causem incômodo à vizinhança. As edi-

ficações na comunidade terão no máximo três pavimentos, de acordo com a subzona onde estiverem localizadas. A laje do último pavimento só poderá ser utilizada como terraço coberto, para uso de área de serviço ou lazer, não sendo permitido seu fechamento.[30]

Em suma, a situação atual do processo de regularização fundiária no Cantagalo[31] é a seguinte:

- Nas áreas de titularidade do estado, que podem ser regularizadas através de doação por via administrativa, existem 94 lotes, que totalizam 415 moradias (120 apartamentos e 295 casas). Desse total, já foram concedidas 44 escrituras de doação e 87 já tiveram o pedido de isenção de impostos deferido pela Secretaria da Fazenda do Estado, para novas emissões.

- O restante da área, de propriedade privada (parte com proprietários identificados e parte sem cadeia sucessória definida), está em processo de regularização via demarcação urbanística (são oito autos de demarcação elaborados pelo Iterj, que, inicialmente, deveriam beneficiar em torno de 1.200 famílias). Entretanto, houve uma redução nesse número final para 823 famílias beneficiadas, fato que se deve à elaboração de um laudo, emitido pela Geo Rio,[32] que afetou a viabilidade estrutural da área ao declarar uma parcela como área de risco. As áreas de risco, todavia, podem vir a ser regularizadas depois da realização de obras de infraestrutura e, caso isso ocorra, o Iterj poderá reconsiderar o número inicial de famílias beneficiadas. Por fim, há também:

- A regularização por meio da ação de usucapião coletivo ajuizado pelo Instituto Atlântico na área privada de propriedade da Cehab.[33]

---

[30] Decreto nº 33.015/2010. Para mais informações sobre a legislação que classificou o Cantagalo como AEIS, ver nota 16.

[31] A reunião de informações é referente à situação do Cantagalo até o início do ano de 2012.

[32] O Instituto de Geotécnica do Município do Rio de Janeiro, hoje Fundação GEC-RIO, órgão da Secretaria Municipal de Obras da Prefeitura, foi criado em 12 de maio de 1966, pelo Decreto nº 609, e é responsável pela contenção de encostas. O órgão também é responsável pelos levantamentos e cadastramentos das características geológico-geotécnicas dos solos, das rochas e das jazidas de materiais de construção, pelo licenciamento e fiscalização dos projetos de contenção de encostas e de exploração de jazidas da iniciativa privada e por licenciar as construções em área de encosta. Mais informações disponíveis na página do órgão: <www.rio.rj.gov.br/web/smo/exibeconteudo?articleid=96358>. Acesso em: 24 abr. 2012.

[33] A entrevista com a ONG que atua no Cantagalo foi realizada em 10 de maio de 2011, e com o poder público estadual em 6 de setembro de 2011. A ação de usucapião proposta contra a Cehab

O segundo caso estudado, a favela do Vidigal, tem um cenário bastante diferenciado do Cantagalo no que se refere ao processo de regularização e, de acordo com a maioria dos entrevistados, "está bem mais atrasado do que o Pavão-Pavãozinho e o Cantagalo". Da área total sobre a qual o Vidigal está localizado,[34] 47% está em disputa judicial desde a década de 1970 (ver quadro 4) e, embora a desapropriação já tenha sido feita, de acordo com os decretos de desapropriação publicados na década de 1980 (decretos estaduais n°s 3.033/1980 e 8.881/1986), os sucessores dos antigos proprietários ainda não receberam a indenização referente à desapropriação, que de acordo com estimativa dos entrevistados representantes do poder público é de R$ 140 milhões, aproximadamente.

Deste modo, mesmo que essas terras passem ao poder público, antes da efetivação do pagamento da indenização não há a possibilidade da realização de regularização fundiária por meio da doação. O instrumento jurídico neste caso tem, necessariamente, que ser a concessão de uso ou, mais especificamente, a promessa de concessão de uso. O restante das terras é de propriedade privada e, antes do programa Minha Casa Minha Vida, a regularização deveria ser feita por meio de ação de usucapião.

No ano de 2003 o Ministério das Cidades, em parceria com o Ministério da Justiça, firmou um convênio com a Defensoria Pública do Estado do Rio de Janeiro para a realização da regularização fundiária do Vidigal e da Rocinha. Naquele momento, a Defensoria Pública deveria fazer o cadastro socioeconômico dos moradores e o levantamento topográfico da área, para depois propor a ação de usucapião coletivo sobre as terras que não foram desapropriadas, enquanto o Iterj faria a regularização nas terras que foram objeto de desapropriação. Ocorre que, em razão de uma série de fatores, e, em especial, do surgimento da Lei Minha Casa Minha Vida (na época ainda Medida Provisória

---

segue tramitando; atualmente os autores esperam a manifestação dos inúmeros confrontantes da área objeto da ação, já tendo a Cehab e o estado do Rio de Janeiro apresentado contestação e pedido de intervenção, respectivamente. De acordo com os advogados que representam a comunidade, está em curso uma tentativa de acordo judicial por meio da qual a Cehab se comprometa a doar as terras para a comunidade, com base na LC Estadual nº 131/2009, em troca do fim da ação.

[34] Para compreensão da área total sobre a qual está situado o Vidigal, ver anexo 1 ao final do capítulo, p. 181.

nº 459/2009), a prefeitura e o estado firmaram acordo para a realização da demarcação urbanística administrativamente, permanecendo a cargo do Iterj a regularização referente às terras que foram objeto de desapropriação. Assim, a regularização fundiária no Vidigal enfrenta cenário adverso. Transcrevemos trechos da entrevista que realizamos com defensor público que atuou no projeto do Ministério das Cidades para a regularização fundiária no Vidigal:

> Eu comecei a trabalhar no Vidigal em 2007, nesse programa de regularização fundiária que na verdade é uma parceria, uma cooperação entre vários entes, que veio no contexto daquele programa do Ministério das Cidades, Destinos da Regularização Fundiária, primeiro foi Papel Passado, depois foi mudando o nome, começou em 2003. [...] fui algumas vezes à comunidade, fiz apresentações dos projetos. A gente trabalhava basicamente com uma parceria entre a Defensoria, a Agrar, que é uma empresa de consultoria de engenharia ambiental, que fazia parte do cadastramento socioeconômico e também do cadastramento físico, uma pessoa que acompanhava a gente lá. E também tinha uma participação do Iterj [...]. O termo de cooperação acho que só foi implantado em 2007. Tinha o Ministério da Justiça e também o Pnud. E aí a gente estava acompanhando o trabalho de cadastramento que era feito por essa empresa e já pensando como é que ia ser, se ia ser usucapião coletivo. Aí o que aconteceu, mais ou menos em 2008, a gente estava trabalhando, realmente já estava terminando um cadastramento lá e aí veio a nova lei de legitimação da posse, que possibilitava, entre aspas, usucapião administrativo, sem necessidade de ação judicial. Como a própria Defensoria já tinha feito um estudo, que dizia que as pessoas demoravam pelo menos 20 anos no processo, às vezes só para citar eram 10 anos, todo mundo concordou que seria melhor tentar promover a legitimação de posse. O que aconteceu com a parte privada do Vidigal? Foi toda pro Iterj, para fazer a concessão na área pública, e a legitimação de posse na área privada [Defensoria Pública].

O Vidigal, portanto, tem em torno de 47% das terras passíveis de serem regularizadas via Promessa de Concessão de Uso,[35] já que o pagamento da indeni-

---

[35] De acordo com artigo sobre "Titulação social" elaborado pelo Iterj: "A imissão do Estado na posse provisória decorrente de medida expropriatória propicia a imediata expedição de termos

zação pela desapropriação das terras segue em disputa judicial em relação aos precatórios a serem pagos pelo estado do Rio de Janeiro aos antigos proprietários (área conhecida como Ivete Pallumbo). O restante, em torno de 53% da área, é privado (ainda pertence à Imobiliária Jardim Vidigal), e a regularização deve ser feita via demarcação urbanística ou ação de usucapião, sendo a regularização via poder público a melhor opção em termos de agilidade e efetividade.

Quadro 4 | Áreas sobre as quais está localizado o Vidigal

Localização	Área	Unidades cadastradas	
		Número	%
Jardim Vidigal	187.477,73	1.994	53%
Ivete Pallumbo	73.607,50	1.759	47%
Vidigal (total)	**261.085,23**	**3.753**	**100%**

Fonte: Ambiental Engenharia e Consultoria. Relatório de avaliação de risco geológico-geotécnico e ambiental do assentamento informal denominado Vidigal. Rio de Janeiro, 2009.

Segundo o poder público estadual (RJ), a demarcação nas áreas de propriedade do Jardim Vidigal deveria ser feita via poder municipal, e não pelo estado. Conforme vimos, entretanto, a Lei nº 11.977, de 2009, permite que qualquer dos entes da Federação faça a regularização via demarcação urbanística. Há, logicamente, facilitadores decorrentes da proximidade do município com as comunidades, assim como a possibilidade de editar leis e somar esforços dos diversos atores na efetivação desse processo. Não obstante, legalmente, é importante frisar, não há qualquer impedimento para a atuação da União ou dos estados na regularização via demarcação, conforme já vimos na análise do quadro 2.

Em janeiro de 2011 a prefeitura do Rio de Janeiro divulgou normas de uso e ocupação do solo no Vidigal. Segundo o decreto da prefeitura,

---

administrativos de promessa de concessão de uso, como direito real resolúvel. Nesse aspecto, aguardar-se a conclusão da desapropriação, processo de longo percurso, para possibilitar posterior doação, pode resultar na privação das famílias quanto à comprovação de suas residências e limitação quanto ao acesso ao crédito e aos serviços públicos essenciais". ITERJ. *Titulação social.* Rio de Janeiro: s.n., [2010?]. Disponível em: <www.iterj.rj.gov.br/zip/Titulacao_Social.pdf>. Acesso em: 25 abr. 2012.

são permitidos os usos e atividades complementares ao uso residencial, desde que não sejam poluentes, nem causem incômodo à vizinhança e que auxiliem na melhoria da qualidade de renda da população residente. Fica vedado iniciar a construção de novas edificações, exceto as de iniciativa e responsabilidade do poder público destinadas ao reassentamento de população em área de risco. Serão permitidas reconstruções, modificações, reformas e acréscimos de pavimento nas edificações existentes, comprovadamente para melhoria das condições de higiene, segurança e habitabilidade, desde que atendam aos parâmetros indicados no decreto. Qualquer obra deve ser autorizada ao Pouso Vidigal. A maior parte da comunidade tem o gabarito proposto de três pavimentos, porém na parte mais alta, pela topografia, foi proposto dois pavimentos. Para ser regularizada, a construção deverá ter, no máximo, o gabarito proposto para a área onde ela se encontra. Será concedido o documento de habite-se às edificações com condição de higiene, segurança e que atendam aos requisitos mínimos de uma construção. O imóvel também deve atender ao gabarito definido no decreto. Os técnicos do Pouso visitarão as edificações para elaborar o levantamento das construções para fins de habite-se.[36]

Em suma, a situação atual do processo de regularização fundiária no Vidigal[37] é a seguinte:

- A área conhecida como Ivete Palumbo, correspondente a 47% das terras sobre as quais o Vidigal está assentado, será regularizada via promessa de concessão de uso, de forma administrativa, em processo realizado pelo Iterj. De acordo com informação institucional do estado do Rio de Janeiro, 880 títulos de promessa de concessão de uso foram entregues aos moradores no dia 7 de março de 2012 e até junho do mesmo ano "outros 1.590 imóveis serão titulados na comunidade, beneficiando um total de 2.470 famílias".[38]

- O restante das terras conhecidas como Jardim Vidigal, que correspondem a 53% da área total, é privado (quadro 4), e, no decorrer da pesquisa, não foi identificado ente público ou privado atuando para a sua regularização.

---

[36] Decreto nº 33.352/2011, que regulamentou o uso e a ocupação do solo do Vidigal. Para mais informações sobre a legislação que classificou o Vidigal como AEIS, ver nota 16.
[37] A reunião de informações é referente à situação do Vidigal até o início de 2012.
[38] SECRETARIA DE ESTADO DE HABITAÇÃO. *Notícias*. Rio de Janeiro, 2012. Disponível em: <www.rj.gov.br/web/seh/exibeconteudo?article-id=813022>. Acesso em: 25 abr. 2012.

Regularização fundiária na percepção dos moradores

Como vimos, em ambas as localidades o processo de regularização fundiária já foi iniciado, é conduzido pelos entes do poder público e conta com a colaboração das associações de moradores, e, no caso do Cantagalo, há também uma parceria entre a associação de moradores e a ONG Instituto Atlântico numa ação de usucapião.

As duas favelas já possuem gabarito para altura dos imóveis — até quatro andares no Cantagalo e dois andares no Vidigal —, estudo topográfico e mapeamento das áreas de risco e encostas, assim como a identificação de onde é proibido construir. Em ambas existem órgãos fiscalizadores da prefeitura que, junto com as associações de moradores, têm acompanhado — e até mesmo coibido — as ampliações e novas construções nessas áreas. Mas o processo está mais avançado no Cantagalo do que no Vidigal, como vimos na seção anterior. Essa diferença no andamento do processo faz com que os moradores do Cantagalo estejam mais bem informados sobre a política de regularização das moradias do que os moradores do Vidigal. Além de o processo estar mais adiantado no Cantagalo, houve também ali intensa mobilização dos moradores em razão da ação de usucapião proposta.[39]

> Agora tem a Secretaria de Urbanismo, está vindo terça-feira aqui. Aí a gente anota, falo com a pessoa: "Você vem aqui terça-feira que o rapaz está aqui, o fiscal". Aí o fiscal vai lá e diz se pode ou não pode fazer. Mas eles vão ter um posto permanente aqui na comunidade. É porque não tem espaço ainda para ficar, mas eles vão ter um posto permanente para resolver esse problema [homem, líder local, Cantagalo].

> Estão bem adiantados já, eles querem ver se esse ano já dá uma parte dos títulos de propriedade, nós estamos requerendo os títulos definitivos, entendeu? Mas, já tem lá 300 e poucos lá no Iterj pronto para entregar [homem, líder local, Cantagalo].

---

[35] Para mais informações sobre esse processo, ver Castro, *Galo cantou!*, 2012.

O que eu soube é que uma parte do Vidigal já estava para ser liberada, mas esse boato sempre aparece em época de política, eleição. Só que na verdade nós acreditamos que foi uma ação que essa ONG fez. E não teve solução nenhuma para o morador. Foi feita a medição da sua casa, como foi feito isso para Cada Família um Lote, em 1980, mediram tudo e não deu em nada. Está em Brasília para ser discutido. [...] Mas está tudo dentro da lei, certo? Se eu moro aqui há 58 anos, a lei me assegurava isso no passado com 20 anos pelo usucapião, agora ela me assegura com cinco anos, então é meu [homem, líder local, Vidigal].

Perguntamos aos moradores se conheciam ou tinham ouvido falar sobre a realização, em sua comunidade, de um projeto de regularização das moradias a partir da entrega de títulos de propriedade. A maioria dos moradores do Cantagalo, 75%, afirmou conhecer ou já ter ouvido falar sobre a implementação desse projeto em sua comunidade, muitos citando inclusive a construção dos prédios de apartamentos para reassentamento de moradores que tiveram suas casas demolidas para obras de melhoria da infraestrutura ou mesmo pelo risco de desabamento. Já no Vidigal, menos da metade dos moradores declarou conhecer ou ter ouvido falar sobre tal projeto na comunidade.

Gráfico 1 | Conhecimento da política de regularização fundiária (%)

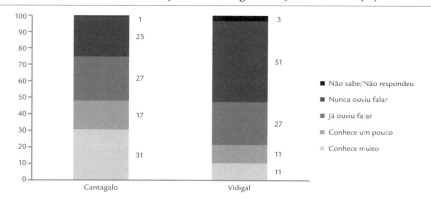

Base: 397 entrevistas no Cantagalo e 405 entrevistas no Vidigal.

Uma vez que a grande maioria das moradias não é regularizada no Cantagalo e no Vidigal, a organização da ocupação do espaço acaba sendo administrada nessas localidades pelas associações de moradores, que atuam no reconhecimento de venda das moradias, assim como no serviço de comprovação de endereço.

Olha, esse processo [de compra e venda] é você ver a casa, ir na associação de moradores e falar que está comprando a casa da rua tal, e o valor é x. Aí vai ver se está devendo à associação. Se estiver devendo à associação, vai pagar os atrasados todos, que são cinco reais por mês, vai ver quanto dá, aí você paga e assina um documento na sede e a casa já é sua [homem, líder local, Cantagalo].

Se quiser comprar uma casa aqui no Vidigal ele vem na associação, o vendedor com a testemunha, o comprador com a testemunha, e eles dão o endereço da casa. A associação com a sua comissão de obras vai ao local, faz um reconhecimento do local, vê qual é a possibilidade de risco. Entra em contato com o Pouso, que é um órgão da prefeitura, se a gente tiver alguma dúvida. O Pouso com o seu engenheiro vai até o local e constata a possibilidade de venda do imóvel. Aí fazemos um documento da associação e a pessoa passa a ter o seu documento comprovando a negociação, e aí vai em cartório e registra [homem, líder local, Vidigal].

Aqueles que precisam abrir uma conta no banco eles vêm na associação e nós fazemos um documento comprovando que ele é morador da comunidade. Como é feito isso? Ele vem aqui solicitar um comprovante de residência, certo? Ele não tem nada que comprove, então nós nos baseamos, com os pais, se ele mora com os pais, vamos ao local, comprovamos se os pais moram lá e se ele mora lá também. Então tiramos um documento comprovando que ele mora em tal local, em tal residência, fazemos esse documento. Ele vai a um cartório e registra [homem, líder local, Cantagalo].

Se uma pessoa deseja comprar um imóvel nessas favelas, deve ir às associações para saber se o imóvel tem alguma dívida pendente com as mesmas. Caso exista atraso no pagamento da taxa de manutenção pelo morador, o comprador ou o vendedor deve quitá-lo; caso contrário, as associações não emitem o documento que reconhece a transação de compra e venda. Uma vez quitada a dívida e estabelecido o preço do imóvel, as partes vão à associação, que emite um documento que é então registrado em cartório de títulos e documentos. Em relação a nenhuma das duas associações os entrevistados souberam precisar qual é esse documento; porém, em conversa com moradores, foi possível perceber que alguns acreditam que é um título de posse, na medida em que é registrado em cartório.

> Chega para o cara e compra a casa, depois vai à associação, vê se tem alguma taxa pendente, o cara paga a taxa e acabou. Paga a taxa, a associação passa uma ficha para o seu nome e a casa já é sua. [...] É, pagam uma taxa de cinco reais por mês. Aí vê lá, se estiver em dia, aí vai. Se não estiver, aí eu pago o atrasado todo e compra a casa e fica com a casa. Aí, na associação, você vai ter uma ficha e acabou [homem, morador, Cantagalo].

No Vidigal alguns moradores possuem títulos de posse de seus lotes, decorrência do programa Cada Família um Lote.[40] Todavia, tais documentos eram provisórios e não consistiam na escritura definitiva dos imóveis.

Como são as responsáveis locais pelo reconhecimento da posse dos imóveis nas comunidades, as associações são as primeiras organizações a serem procuradas quando há algum conflito de propriedade entre os moradores. Nessas ocasiões atuam como mediadores buscando a conciliação entre as partes, tendo êxito na maioria dos casos, segundo os entrevistados. No entanto, no Cantagalo, esse papel da associação tem sido transferido para a UPP (conforme discutido no cap. 3).

Nas falas dos entrevistados é nítida a percepção que têm do direito à moradia como um direito à cidadania. Ao receber o título de posse o morador deixaria de ser visto como um "invasor" e passaria a ser visto como "proprietário".

---

[40] O fato de parte dos moradores ser proprietária dos lotes levou no passado a um conflito interno na comunidade, expresso na existência de duas associações de moradores (a dos proprietários e a dos não proprietários), mas hoje existe apenas uma associação que representa o conjunto de moradores.

Porque ninguém tem o título de propriedade de sua casa, então ninguém se sente cidadão ainda. Porque, quando chegar os títulos de proprietário das suas casas, todo mundo vai se sentir cidadão [homem, movimento social, Cantagalo].

Mas as consequências da regularização das moradias não são vistas de maneira consensual no interior das favelas estudadas. Alguns líderes e parte dos moradores expressam preocupação com a já citada "expulsão branca", e com a dificuldade dos moradores em arcar com os custos da regularização: pagamento de impostos, serviços como água e luz, aluguéis etc.

Apresentamos aos entrevistados algumas possíveis consequências da regularização das moradias e perguntamos se concordavam ou não que isso aconteceria em sua comunidade. Dos aspectos explorados, o único em que há divergência da percepção dos moradores de ambas as localidades é o bloqueio da entrada da polícia no domicílio sem autorização prévia da Justiça. A maioria dos moradores do Vidigal concorda que a regularização das moradias teria essa consequência, enquanto a maioria dos moradores do Cantagalo discorda — o que pode se dever em grande parte à experiência com a ocupação do morro pela UPP, processo que ainda não havia ocorrido no Vidigal no momento de realização das entrevistas.

A grande vantagem da propriedade é que as pessoas passam primeiro a ter diante do governo reconhecimento, cidadania. A gente sempre viu no Cantagalo, no Pavão-Pavãozinho, nessas comunidades quando um juiz mete, como é o nome daquilo lá, busca e apreensão, um mandado de busca e apreensão ele mete coletivamente. Então você é do Cantagalo, é coletivo então dá o direito ao policial entrar em qualquer casa entendeu, sem diferença em qualquer casa porque é da comunidade. Agora tendo o título de propriedade o que pode acontecer, entrar com um mandado para aquele imóvel, outra coisa é o valor de mercado desses imóveis é o valor do bairro, então ainda que venha um tubarão e compre a casa de alguém, as pessoas vão saber o valor da sua casa hoje, pelo título de propriedade [homem, morador, Cantagalo].

Gráfico 2 | Concordância com as afirmações sobre as consequências da regularização das moradias (%)

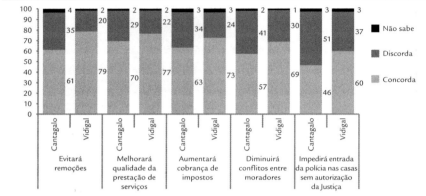

Base: 397 entrevistas no Cantagalo e 405 entrevistas no Vidigal.

Com relação às demais possíveis decorrências da regularização das moradias, a maioria dos entrevistados concordou que em ambas as localidades a regularização evitará a remoção dos moradores, melhorará a qualidade da prestação de serviços públicos, como saneamento, água e luz, e diminuirá a ocorrência de conflitos entres os moradores. Também acarretará o aumento da cobrança de impostos. Apesar dessa última consequência, tida por alguns como negativa, a grande maioria é favorável à regularização e, consequentemente, à titulação. O direito à moradia representa para esses moradores muito além de um papel que lhes assegurará um teto, simboliza a garantia de respeito aos direitos fundamentais, à cidadania.

A efetivação do direito à moradia, como vimos, está mais próxima de se concretizar desde a publicação da lei que instituiu o programa Minha Casa Minha Vida. Isso porque a lei trouxe mecanismos facilitadores da atuação de todas as instâncias do poder público (municipal, estadual e federal) permitindo, inclusive, que "cooperativas habitacionais, associações de moradores, fundações, organizações sociais, organizações da sociedade civil de interesse público ou outras associações civis que tenham por finalidade atividades nas áreas de desenvolvimento urbano ou regularização fundiária" (Lei nº 11.977/2009, art. 50, II) atuem também de forma administrativa. Sem dúvida existe, hoje, um quadro legal que permite a implementação do princípio da função social da propriedade, previsto em nosso ordenamento jurídico desde a Constituição de 1934, mas até pouco tempo de difícil realização.

Referências

ALFONSIN, Betânia. O significado do Estatuto da Cidade para os processos de regularização fundiária no Brasil. Disponível em: <www.sedur.ba.gov.br/pdf/versao. final.pdf>. Acesso em: 21 set. 2011.

AMBIENTAL ENGENHARIA E CONSULTORIA. Relatório de avaliação de risco geológico-geotécnico e ambiental do assentamento informal denominado Vidigal. Rio de Janeiro, 2009.

BURGOS, Marcelo Baumann. Dos parques proletários ao Favela-Bairro: as políticas públicas nas favelas do Rio de Janeiro. In: ZALUAR, Alba. *Um século de favela*. 2. ed. Rio de Janeiro: FGV, 1999. p. 25-60.

CASTRO, Paulo Rabello de. *Galo cantou!*: a conquista da propriedade pelos moradores do Cantagalo. Rio de Janeiro: Record, 2012.

DAFLON, Rogério. Cidade ganha 44 ex-favelas. *O Globo*, Rio de Janeiro, 29 maio 2011. Rio, p. 19.

D'OTTAVIANO, Maria Camilla Loffredo; QUAGLIA SILVA, Sérgio Luis. Regularização fundiária no Brasil: velhas e novas questões. *Planejamento e Políticas Públicas — PPP*, n. 34, p. 201-229, jan./jun. 2010. Disponível em: <www.ipea.gov.br/ppp/index.php/ PPP/article/viewFile/172/185>. Acesso em: 2 out. 2011.

IBGE. *Censo demográfico 2010: aglomerados subnormais*. Rio de Janeiro: 2011. Disponível em: <www.ibge.gov.br/home/estatistica/populacao/censo2010/aglomerados_ subnormais/agsn2010.pdf>. Acesso em: 5 mar. 2012.

ITERJ. *Titulação social*. Rio de Janeiro: s.n., [2010?]. Disponível em: <www.iterj.rj.gov.br/ zip/Titulacao_Social.pdf>. Acesso em: 25 abr. 2012.

FALCÃO, Joaquim (Org.). *Invasões urbanas*: conflito de direito de propriedade. 2. ed. Rio de Janeiro: FGV, 2008.

FERNANDES, Edésio. *O Estatuto da Cidade e a ordem jurídico-urbanística*. Disponível em: <www.citiesalliance.org/ca/sites/citiesalliance.org/files/CA_Images/CityStatuteof Brazil_Port_Ch4.pdf>. Acesso em: 26 ago. 2011.

_____. Do Código Civil ao Estatuto da Cidade: algumas notas sobre a trajetória do direito urbanístico no Brasil. *Urbana* [on-line], v. 7, n. 30, p. 43-59, jan. 2002. Disponível em: <www2.scielo.org.ve/scielo.php?script=sci_arttext&pid=S0798-05232002000100 004&lng=pt&nrm=iso>. Acesso em: 29 ago. 2011.

GERÔNIMO, Leitão; DELECLAVE, Jonas. *Morar carioca*: uma nova etapa da urbanização de favelas na cidade do Rio de Janeiro? Disponível em: <www.fau.usp.br/cursos/graduacao/arq_urbanismo/disciplinas/aup0268/Leitao_Geronimo_-_Morar_Carioca.pdf>. Acesso em: 28 set. 2011.

MELO, Marco Aurélio Bezerra de. *Legitimação de posse*. Rio de Janeiro: Lumen Juris, 2008.

MINISTÉRIO DAS CIDADES. *Regularização fundiária urbana*: como aplicar a Lei Federal nº 11.977/2009. Brasília, 2010. Disponível em: <www.iab.org.br/images/stories/utf8cartilharegularizacaofundiaria.pdf>. Acesso em: 10 abr. 2012.

ROLNIK, Raquel. *A cidade e a lei*: legislação, política urbana e territórios na cidade de São Paulo. São Paulo: Studio Nobel; Fapesp, 1997.

SABREN — Sistema de Assentamentos de Baixa Renda. Instituto Pereira Passos — IPP. Disponível em: <http://portalgeo.rio.rj.gov.br/sabren/index.HTM>. Acesso em: 28 set. 2011.

SECRETARIA DE ESTADO DE HABITAÇÃO. *Notícias*. Rio de Janeiro, 2012. Disponível em: <www.rj.gov.br/web/seh/exibeconteudo?article-id=813022>. Acesso em: 25 abr. 2012.

VALLADARES, Licia do Prado. *A invenção da favela*: do mito de origem à favela.com. Rio de Janeiro: FGV, 2005.

ZALUAR, Alba. *Um século de favela*. 2. ed. Rio de Janeiro: FGV, 1999.

Anexo 1 | Mapa do Vidigal

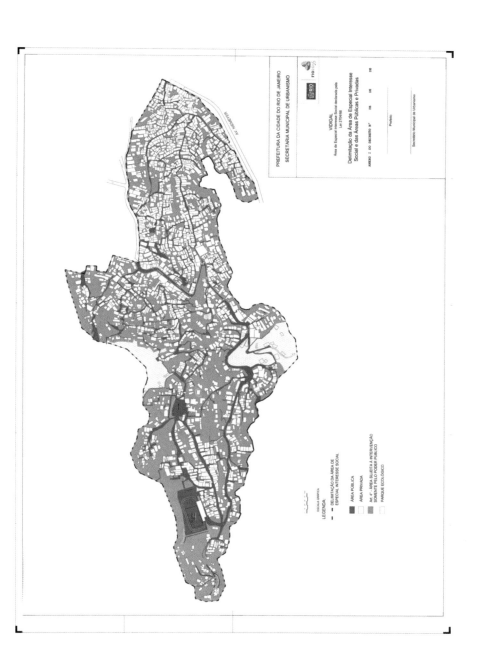

Anexo 2 | Mapa do Cantagalo

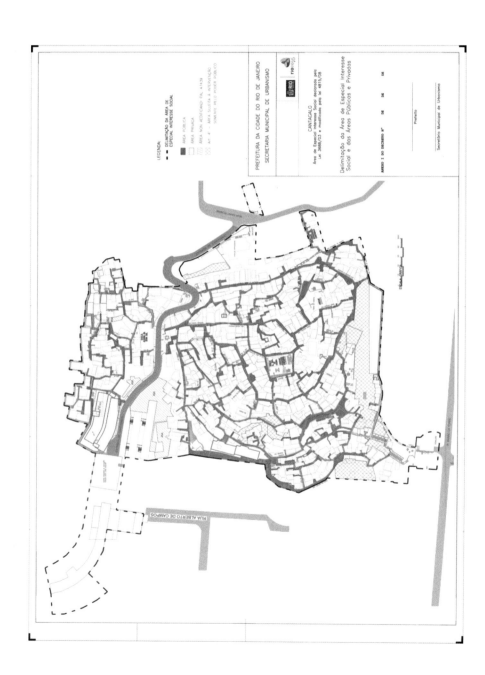

CAPÍTULO 7
A favela vista por seus moradores

Durante a realização dos grupos de discussão e das entrevistas e conversas informais com moradores, surgiu a ideia de apresentar as duas favelas a partir do olhar de seus moradores. Para isso, convidamos dois membros da comunidade, que têm a fotografia como profissão, e com os quais tivemos contato durante a realização da pesquisa, para registrarem em imagens "como é morar nas favelas ou comunidades do Cantagalo e do Vidigal". Solicitamos aos fotógrafos-moradores que transmitissem nas fotografias o lado bom e o lado ruim de morar nessas localidades, mostrando as qualidades mas também as precariedades desses espaços.

Josy Manhães, 32 anos, retratou o Cantagalo, seu local de moradia desde 2001. Josy se formou em fotografia pela Escola de Fotógrafos Populares, em 2009, tendo ingressado na primeira turma do curso de Formação de Educadores em Fotografia em 2010. Participou das exposições Caçadores de Sonhos, que inaugurou a Galeria 535, na Maré, em 2010, e Memórias do PAC, registro fotográfico das comunidades do Conjunto de Favelas do Alemão durante o processo das obras do PAC, em 2009. Atualmente é estudante de Cinema na PUC-Rio e atua como coordenadora dos projetos Lentes do Amanhã e Curta Raízes do Cantagalo (Prêmio Microprojetos Mais Cultura para os Territórios de Paz).

Luiz Felipe Marques de Paiva, 26 anos, retratou o Vidigal, seu local de moradia há 25 anos. Luiz Felipe se formou no curso Fotógrafo Comunitário, oferecido pela ONG Horizonte, em 2007. Em 2011 participou do curso Projeto em Fotografia no Ateliê da Imagem, registrando o cotidiano da família Costa Rocha — primeiros moradores da comunidade do Vidigal. Atualmente é fotógrafo autônomo e atua como professor de fotografia no projeto Escola Aberta, no Colégio Estadual André Maurois.

O Cantagalo, por Josy Manhães

Vista das casas do Cantagalo (Quebra) e de prédios de Ipanema. Foto feita da torre do Mirante da Paz, onde ficam os elevadores que ligam a estação General Osório do Metrô ao morro do Cantagalo.

Fachada da pousada Favela Cantagalo, onde se hospedam vários turistas. A pousada tem ótima localização, entre os bairros de Copacabana e Ipanema. Está bem próxima da praia, do comércio, do metrô da General Osório.

Moradores reclamam do descaso. O lixo ocupa quase todo o caminho pelo qual moradora leva o neto à escola.

Local onde está o Ciep João Goulart e onde estão concentrados quase todos os projetos e instituições sociais e culturais que atendem o Cantagalo/Pavão-Pavãozinho. O elevador dá acesso à rua Alberto de Campos.

Rua Custódio de Mesquita. Fios a menos de 2 metros de altura.

Foto tirada na estrada do Cantagalo. Único acesso onde circulam vans, Kombis, mototáxis, táxis, caminhões e carros particulares. No fundo fica o Pavão.

Estrada do Cantagalo. Local onde está concentrado o comércio. Um dos pontos nos quais os jovens mais gostam de ficar. Mais acima fica a quadra Alegria da Zona Sul.

Apartamentos do PAC. Os primeiros blocos construídos foram batizados com o nome dos compositores Donga e Pixinguinha. Os moradores se perguntam por que não batizaram com nome dos compositores locais, como Aroldo Santos e Bezerra da Silva, entre outros. Muitos apartamentos ainda estão desocupados. No fundo, prédio da UPP (Azul e Branco).

Estrada do Cantagalo. Trecho que precisa de muros. Há intensa circulação de pessoas, principalmente crianças, que correm grande risco.

Vista do Terraço do Museu de Favela, onde se misturam prédios habitacionais, casas, prédios de Ipanema e a praia.

Vista do Ciep, prédios do PAC e prédio da UPP (Azul e Branco). No fundo, a lagoa Rodrigo de Freitas.

O Vidigal, por Luiz Felipe Marques de Paiva

Ordem e Progresso. Na parede, mais um retrato da realidade brasileira abandonada durante anos nos emaranhados de fios do descaso. Apesar de tudo, o povo brasileiro sacode a poeira e dá a volta por cima. Rua Dra. Regina de Carvalho.

Uma das paisagens mais admiradas em todo o mundo, o Vidigal já foi retratado por portugueses, franceses e alemães.

Desejo de muitos, alguns moradores da comunidade aderem aos novos meios de entretenimento — mesmo que para isso dispensem outras formas de conforto. Foto tirada na rua 25 de Novembro.

Vila Olímpica do Vidigal. Depois de um dia cansativo os moradores vão lá bater uma bolinha. Durante a semana são desenvolvidas atividades esportivas com as crianças da comunidade. Localidade conhecida como Campo.

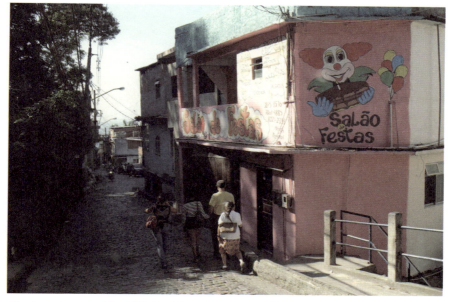

Além dos serviços essenciais, o Vidigal também tem restaurantes, grifes e casas de festas. Localidade conhecida como Biroscão.

Amanhecer no Vidigal. Rua Major Toja Martinez Filho, mais conhecida como rua 3.

Garagem do Colégio Stella Maris. Ao fundo, a comunidade do Vidigal é banhada pelo sol num belo fim de tarde.

Entrada da rua Padre Ítalo Coelho. Um dos acessos ao 314 e à capela São Francisco de Assis, batizada pelos moradores de igreja do Papa.

Antes, a mira feita daqui tirava vidas; hoje, devolve sorrisos. Fotografia tirada na 2ª Saída Fotográfica do Foto Clube FavelArt&Foto.

Com a chegada da UPP no Vidigal, diminuiu a frota de mototáxi nas ruas. Apenas os motoqueiros habilitados poderão trabalhar no transporte dos moradores.

Autores convidados

MARIA TEREZA AINA SADEK

Doutora em ciência política, professora do Departamento de Ciência Política da USP e diretora de pesquisa do Centro Brasileiro de Estudos e Pesquisas Judiciais (Cebepej).

PEDRO VIEIRA ABRAMOVAY

Professor da Escola de Direito da FGV no Rio de Janeiro. É doutorando em ciência política pelo Instituto de Estudos Sociais e Políticos da Universidade do Estado do Rio de Janeiro (Iesp/Uerj), mestre em direito constitucional pela Universidade de Brasília (UnB) e bacharel em direito pela USP. Foi assessor de liderança do governo no Senado (2003-04), assessor especial do ministro da Justiça (2004-06), secretário de Assuntos Legislativos do Ministério da Justiça (2007-10) e secretário nacional de Justiça (2010).

IZABEL NUÑEZ

Mestre em sociologia e direito pela Universidade Federal Fluminense (UFF), bacharel em direito pela Pontifícia Universidade Católica do Rio Grande do Sul (PUC-RS). É pesquisadora na Escola de Direito da FGV no Rio de Janeiro e no Instituto de Estudos Comparados em Administração Institucional de Conflitos (INCT/InEAC).

Esta obra foi produzida nas
oficinas da Imos Gráfica e Editora na
cidade do Rio de Janeiro